纸上耕耘　润泽心田

丝路新疆

江其尧九十七

丁和　著/摄

凝固千年的文化底片

丝路新疆

中国出版集团　东方出版中心

图书在版编目（CIP）数据

丝路新疆：凝固千年的文化底片 / 丁和著
上海：东方出版中心，2025．7（2025．9重印）．
ISBN 978-7-5473-2732-6

Ⅰ．K294.5

中国国家版本馆 CIP 数据核字第 202517PF55 号

丝路新疆：凝固千年的文化底片

著者 / 摄影	丁　和
书名题签	冯其庸
策划 / 责编	戴欣倍
装帧设计	余佳佳

出 版 人	陈义望
出版发行	东方出版中心
地　　址	上海市仙霞路 345 号
邮政编码	200336
电　　话	021-62417400
印 刷 者	上海丽佳制版印刷有限公司

开　　本	710mm×1000 mm 1/16
印　　张	16
字　　数	190 千字
版　　次	2025 年 7 月第 1 版
印　　次	2025 年 9 月第 2 次印刷
定　　价	98.00 元

序

汪涌豪

　　在上海乃至中国的摄影界，丁和是一个绕不过去的存在。他长达
44 年行摄的经历，尤其后二十多年围绕丝绸之路的重要组成部分玄奘
之路和丝绸之路文化交流的重要见证龟兹壁画展开的成序列专题拍摄与
研究，为他在圈外乃至学界赢得了广泛的声誉。寻绎他一路走来的踪迹，
如此充满戏剧性，简直可称传奇。这里，我们且将介绍的重点，聚焦在
上述这两个他念兹在兹的专题上。

　　说起拍摄玄奘之路，还是因国学大师冯其庸的建议。冯先生学问博
洽，持一种大国学的理念，钟情西域二十余年。为此，曾十赴新疆，三
上帕米尔高原，两度穿越塔克拉玛干沙漠，绕塔里木盆地整整走过一圈，
长期致力于探考玄奘取经之路，尤留意于西域文化对华夏文明的多重影
响。有感于 19 世纪西方殖民开发潮后新起的东方学，及玄奘与《大唐
西域记》研究的蔚兴，如克拉珀罗斯《玄奘在中亚与印度的旅行》与儒
莲《慈恩传》之成为学人绕不过的经典，而国人在这方面所得有限，他
有一种不能坐视的冲动，以至晚年奔波道途，不惜将主要精力放在西域

文化的保护与研究上。某次，他听说有个后生去过新疆无数次，足迹遍及自己没到的地方，大感惊讶。共同的西域情结让他们一见如故，很快结成忘年交，这可用他作的《八声甘州》词为证。其中"有良朋、危途险峰，历巉岩，犹似御轻骖。终尽把，山川灵秀，珊瑚网收"之句，道尽了他对这个后生的期许。

2005 年秋，因冯老介绍，背着几十斤器材，丁和随央视从库尔勒出发，经米兰、罗布泊、楼兰，入玉门关到敦煌，开始了玄奘东归古道的追索之旅。在冯老及新疆文物考古所原所长王炳华等专家指导下，他一路拍摄历史古迹和佛教文化遗存，楼兰遗址高耸的佛塔，发现《李柏文书》的著名的"三间房"，以及反映其时丝绸贸易盛况的"丝四千三百廿六正"的简牍，令他眼界大开。待考察完成，所有人回去休整，他独自回到民丰，再赴尼雅、热瓦克、安迪尔等地，两个月后才回到上海，隔一个月又返回了新疆，并在吐鲁番拍到了雪压交河的奇景。

2006 年秋，他再一次随央视摄制组从西安出发，由新疆出境，沿吉尔吉斯斯坦、乌兹别克斯坦，穿越战火纷飞的阿富汗，经开伯尔山口进入巴基斯坦，到达玄奘取经的目的地——印度那烂陀寺遗址。次年，由中国艺术研究院、中国人民大学国学院主办，季羡林、饶宗颐、任继愈任学术顾问，冯其庸、王尧、王炳华、王邦维、荣新江、沈卫荣、孙家洲、张庆善为学术委员的《玄奘取经之路 丁和寻访影纪展》在首都博物馆隆重举行，时任全国人大常委会副委员长许嘉璐、国家发改委主任马凯出席开幕式并致辞，新华社为此编发了统发稿，央视新闻也有播报，逾百家媒体和各大门户网站纷纷跟进。为了完美体现这个集 5 年心力、15 次探访成果的文化摄影展，他以 20 平方米的大尺幅壁画与直径8 米的仿印度达麦克佛塔主打，在光影声一体中模拟西域实景，真的在展厅中辟出了一条时光隧道，将观者带回到遥远的历史现场。

此展开了首都博物馆个人影展的先河。或许因展览蕴含的历史文化确实厚重，次年上海市文联与新疆维吾尔自治区文联合作，在乌鲁木齐国际博览中心再次推出此展。这次展区面积超过 2000 平方米，分西行、域外和东归三个部分，更特别制作了龟兹石窟壁画艺术展厅，完整地呈现了玄奘西行的故事与西域的历史。自治区文联原党组书记刘宾看后感慨古代中国有三条著名的路线，丝绸之路和马可·波罗之路外，就是玄奘之路了。前两者说的人多，后者则明显少了。丁和的追踪式的记录不仅向世人展示了壮阔的山川和古老的文明，更重要的是，纠正了人们对西天取经的种种误读，还原了玄奘作为坚毅的求道者的本相。而这对弘扬为求真理百折不挠的伟大精神，无疑具有现实意义。

他对龟兹石窟壁画的系统拍摄与研究，几乎与此同步进行。众所周知，龟兹是古代西域大国，汉北道诸国与唐安西四镇之一。居人原属印欧种，后渐趋回鹘化。以库车为中心，古龟兹国极盛时辖境广大，经济发达。自公元 3 世纪起的七八个世纪里，因缘佛教的兴盛，早于莫高窟就开凿了众多的石窟，其中一万多平方米的壁画最是绚烂，赵朴初指其将佛教教义与美术结合在一起，佛像表法，佛教教义的谛体现在建筑、雕塑与壁画中，其所特有的表法属性，向世人展示了佛教的神秘与深邃，极具历史－文化价值和宗教学价值。至受中、印、波斯和希腊文化的交汇影响，由尊像画、佛经故事画、供养人画像和装饰图案构成的壁画普遍采用勾线、平涂和晕染相结合的重彩画法，石青、石绿和白色基调上提点以朱、赭两色的鲜妍明丽，格调雍容，不仅与敦煌壁画异趣，即与邻近高昌、于阗的壁画也不相同，而且极富审美价值。只是因为地处戈壁溪谷，人迹罕至，故知者不多。

他后来的主要精力都花在这些壁画的系统拍摄与研究上了，包括分门类整理和撰写拍摄手记。其间，他无数次往返实地，经常一待就是一个月。有鉴于许多精彩壁画已流失海外，因饶宗颐先生提点、时任新疆师范大学朱玉麒教授引荐，他自费赴德国柏林亚洲艺术博物馆寻访遗踪。

柏林亚洲艺术博物馆展厅加库房，总共藏有龟兹壁画数千幅、500多平方米。整整两天，他不遑饮食，将之悉数收入相机。回国后很长一段时间，为整理这些图片，他又往来京沪港三地，向季羡林、饶宗颐、冯其庸先生求教，时不时地，还飞赴洞窟实地补拍重拍，俾一一确定其位置、整理并归整出系统。至于后期技术处理更是一丝不苟。"我有一种强烈的冲动和紧迫感，面对濒危的西域文化，真怕此生无法拍完。"他感叹道。饶是如此，他还是坚持不懈地努力着，通过尽可能翔实的考证，找到壁画的源出及其洞窟位置。这项工作的难度相当大。盖因历史上的辟佛运动和近代西人的疯狂盗割，壁画的存世面貌已受很大破坏，以致到20世纪初，洞窟尚无系统的编号，抢得先手的德国人也只是作了一些简单的记录。那些切割运回再复原的，更难免混拼错拼，凡此，都需要他重加审视，据实调整。至于壁画，远离原生环境，因光照与干湿度变化导致原色改变，更需要作必要的校准还原。过程中，他殊感生命的有限和个人力量的渺小，但一种对文化的执着，让他抱定要将事情做到极致的决心，最后真的将流失海外的壁画"复原"回归到它的"母体"。

这些珍贵图片和史料结集成以"柏林亚洲艺术博物馆馆藏新疆壁画"为主题的图册并予以出版，饶宗颐先生亲为题名。书中每一幅画的色彩都被调试成最接近窟存壁画的原色，并出处与位置也得到了详略不等的说明。他视这样的工作为自己学习西域历史文化的记录。书出版后一年，应中华艺术宫邀请，上海市文广局、上海市文联和新疆文物局会同上海市摄影家协会，联合举办了《丝路精魂丁和古代龟兹石窟壁画艺术展》。展览期间，他联络了北大、复旦的相关专家，为观众开出一系列讲座，带动了上海的龟兹文化热，而他自己也在这份工作中体会到了莫大的幸福。以这样的热情和这样持久的努力，2021年，他又策划壁画的异地推广，促成了云冈研究院和新疆克孜尔石窟研究所合作，在大同云冈美术馆再度推出此展，实现了石窟造像与龟兹壁画的对话。

都说人无癖好，难有性情；人不坚持，难称勇毅。出于对丝绸之路研究的热爱，在玄奘精神的激励下，丁和将生命中最好的年纪都献给了新疆，以致他的行历与大多数人不同，一般人到新疆，追看的是雪山、湿地、花海、峡谷，是三山夹两盆之间的木垒胡杨林和那拉提草原、赛里木湖的风光，他的镜头永远只记录高昌、交河、古龟兹国的昭怙厘大寺和细君远托的乌孙国，还有冯先生每次经过卡拉库厘湖都会抬头仰望的慕士塔格峰，当然，还有玄奘多次提到的徙多河。由其东归入境的明铁盖山口，再趋过公主堡，循迹尼雅遗址和瓦罕通道，指向的从来是遥远的缚喝国与犍陀罗。他去中亚五国及印度的惊险程度是人所不能想象的。他撷取的从来不是眼前的好景，只是行将逝去的文明。想到迄今为止，真正走过玄奘取经全程的可能只有他一个人，于西域壁画摄影更是第一人无疑，且他的这种记录不仅是艺术，还可用为专家研究之助，人们唯有赞叹！若再想到清末以来，在历代边疆及域外地理研究中作出过开创性贡献的人也姓丁，即浙江仁和人丁谦，则生长在江南的丁和与他相视莫逆，正可引为隔代的知音！

今天，丁和的作品已被上海美术馆收藏，并永久展陈在柏林的洪堡论坛，他本人也被礼聘为克孜尔石窟研究所的客座研究员。2023年，值"一带一路"倡议提出十周年之际，以《丝路颂》命名的文化摄影特展又得以隆重开幕，吸引了无数人前往参观。整整22年，赴疆逾40次，以8×10的大画幅相机聚焦这片土地，积得胶片上千张，出版了《流沙梦痕》《玄奘取经之路》《丝路精魂》等专书多部，丁和终于找到了属于自己的起点，并至今仍在向世人输出有学术梳理做基础的高质量的影像，这是丁和的定力，也是他对社会的贡献。回念20世纪80年代，入行不久的他就在首届"海鸥杯"全国摄影大赛上获得一等奖，以后四次入藏，在上海美术馆举办《藏风》个人展时他也不过30岁。再以后，因经商成功，他立志要拍一部《壮美中国》摄影集，是冯老"要多读书，用史家的眼睛为历史记录下有文化价值而非表面漂亮的东西"的教导，才使他如醍醐灌顶，从此再未停息在行走中咀嚼文化，品味历史，他的人生态度因此变得豁达，思维方式也在潜移默化中得到了升华。摄影就这样成了他生命的一部分。

接下来他还会继续拍新疆，不仅要拍国内的壁画，还要去美、日、俄，把散落在世界各地的新疆壁画影像带回家。他坚持认为好的文化需要有忠实深入的记录，然后是研究与传播，重要的是传承与发扬。在他的工作室里，挂着一幅饶宗颐先生亲书的条幅"道出古人辙，心将静者论"，他视为座右铭，并常以此警醒自己虽身居繁华，要静得下心。近年来，融合了历史、宗教、哲学、考古、建筑、语言和文学等多学科的丝路研究已有了丰硕的成果，全球范围内方兴未艾的艺术史研究更多聚焦石窟艺术，对此丁和都有关注。

此次聚焦汉唐丝绸之路的心脏——西域，他又推出新著《丝路新疆——凝固千年的文化底片》。基于这里是多种文明交融碰撞的枢纽，西域的重要性可谓不言而喻。本书依据西域独特的地理环境，围绕塔里木盆地这一核心区域，分"长风吹度玉门关""流沙梦里两昆仑"和"踏过城头更向西"三个版块对丝路新疆作了梳理。由于亲身践履和日深月久的积累，这一梳理显得既深入又有系统，使人得以依照他的引导，从玉门关、阳关一路向西至塔里木盆地，由其东陲而至西缘及葱岭地区，沿途饱览历史尘埃抚过的塔里木盆地广袤的腹地，见识散布于它南北沿线的诸多西域古国遗址。有些地方如焕彩沟汉碑、七康湖石窟、土垠遗址、脱西克烽燧、桑株岩画、莫尔佛寺、吉尔赞喀勒黑白石条古墓群，许多人知之甚少，更谈不上了解。但正是它们，在丝绸之路的商贸往来与文化交流中扮演了极其重要的角色，有的更历经刀光剑影，见证了民族的亲密融合及人格精神的成长，共同赋予了西域博大深厚的文化底蕴。

当此"一带一路"倡议构想不断推进之时，古老的华夏文明正焕发出新的生机，这为古丝绸之路研究平添了新的活力。诚如已故龟兹学专家、新疆克孜尔石窟研究所文博研究馆员霍旭初所说，丁和称得上生逢其时。今由其新书的出版，个人更是深有同感。也因此，我期待他的未来，期待他能在这个领域作出更出色的成绩。

是为序。

乙巳年春于沪上巢云楼

目录

CONTENTS

序　章　　　　　　　　　　　　　　　　001

第一章　长风吹度玉门关　　　　　　　005

　一、傍行东天山：从伊吾向北庭　　　007

　　哈密雅丹地貌群　　　　　　　　　010

　　艾斯克霞尔古堡　　　　　　　　　013

　　拉甫却克古城遗址　　　　　　　　013

　　白杨沟佛寺　　　　　　　　　　　016

　　焕彩沟汉碑　　　　　　　　　　　020

　　大河故城　　　　　　　　　　　　022

　　巴里坤鸣沙山　　　　　　　　　　024

　　巴里坤湖　　　　　　　　　　　　025

　　三塘泉烽燧　　　　　　　　　　　027

　　淖毛湖胡杨　　　　　　　　　　　029

　　唐朝墩故城　　　　　　　　　　　030

　　天山麦海半截沟　　　　　　　　　032

　　石城子遗址　　　　　　　　　　　032

　　风云北庭　　　　　　　　　　　　035

　　北庭故城　　　　　　　　　　　　036

北庭西大寺 038

车师古道 041

二、吐鲁番盆地：火焰山下的双城风云 046

交河故城 051

◎中央大道 053

◎官署 053

◎佛教遗址 054

高昌故城 058

◎宫城 062

◎高昌大佛寺 062

吐峪沟和吐峪沟石窟 064

柏孜克里克石窟 068

雅尔湖石窟 071

胜金口石窟 073

拜西哈尔石窟 074

七康湖石窟 075

台藏塔 076

连木沁烽燧 077

二塘沟烽燧 078

阿斯塔纳古墓 079

洋海古墓 080

坎儿井 082

三、罗布泊：沧海之殇，文明宝藏 084

楼兰古国尚依稀 088

楼兰故城 091

◎楼兰佛塔 093

◎楼兰"三间房" 093

◎楼兰居宅遗址 094

米兰遗址 097

◎米兰戍堡 097

◎米兰佛教建筑遗址 099

LE故城 100

楼兰贵族墓 101

土垠遗址 102

太阳墓 103

罗布泊雅丹地貌 104

第二章 流沙梦里两昆仑 107

一、中天山绿洲：焉耆-龟兹语文化带 109

阿父师泉 111

七个星佛寺遗址 113

铁门关 114

孔雀河 115

塔里木河 116

营盘故城 117

脱西克烽燧 118

二、龟兹，通衢之路上的精神灯塔 119

刘平国治关城诵石刻 124

汉式砖室墓 127

苏巴什大寺 128

古代龟兹石窟群 129

◎克孜尔石窟 132

◎库木吐喇石窟 133

◎森木塞姆石窟 135

◎克孜尔尕哈石窟 136

新疆瑰宝在探险家阴影下的哀伤 138

盐水沟 141

克孜尔尕哈烽燧 141

温宿大峡谷 142

托木尔峰 143

别迭里山口与别迭里烽燧 144

三、山海遗痕：昆仑接塔沙之壤 146

塔克拉玛干沙漠 150

沙漠深处有人家——达里雅布依 152

安迪尔遗址 157

昔日精绝在尼雅 161

尼雅遗址 164

◎佛塔 164

◎N3 遗址 165

◎N7、N8 遗址 165

◎河床与古桥 167

古代于阗 169

◎约特干遗址 171

◎桑株岩画 172

◎阿克色皮力故城 173

◎麻扎塔格戍堡 174

◎热瓦克佛寺 176

◎买力克阿瓦提故城 180

◎牛角山 180

◎托普鲁克墩佛教建筑遗址 183

昆仑瑰宝——和田玉　　　　　　　　　　186

第三章　踏过城头更向西　　　189

一、疏勒绿洲与莎车绿洲　　　191

叶尔羌河　　　　　　　　　　193

艾斯克萨故城　　　　　　　　　195

汗诺依故城　　　　　　　　　　196

莫尔佛寺遗址　　　　　　　　　197

三仙洞石窟　　　　　　　　　　199

奴如孜敦遗址　　　　　　　　　201

拉革勒墩烽燧遗址　　　　　　　201

托库孜萨来故城　　　　　　　　202

　　◎托库孜萨来佛寺　　　　　　203

　　◎托库孜萨来摩崖石刻　　　　204

图木舒克佛寺遗址　　　　　　　205

二、葱岭和波谜罗川　　　207

白沙山和白沙湖　　　　　　　　209

吉日尕勒遗址　　　　　　　　　211

塔什库尔干石头城　　　　　　　212

塔什库尔干县城宗教建筑遗址　　217

吉尔赞喀勒黑白石条古墓群　　　218

公主堡与"汉日天种"的传说　　220

红其拉甫口岸　　　　　　　　　223

后　记　　　226

序　章

丝绸之路的缘起，可以上溯到汉武帝时期。汉武帝建元三年（公元前138年），郎官张骞首次衔命出使西域，访问中亚的大月氏国，劝说其与汉朝结盟，共同夹击匈奴。然而，张骞一行百人还未出河西走廊就被匈奴俘获，并被留滞当地长达10年。令人感佩钦敬的是，张骞在终于逃脱后仍不忘旧命，继续曲折西行，终于抵达了中亚阿姆河流域的大夏（今阿富汗北部）。可是时过境迁，大月氏人已经无心与匈奴交恶作战。张骞大失所望，怅然而归。归来后，他向汉武帝禀报了去来途中的传奇经历及沿途各国的翔实信息，这无意间提升了汉武帝的眼界及对西域战略地位的认识，引发了汉武帝打通道路、开拓江山的雄心。

此后，大将霍去病两次出征，重创匈奴，夺回了河西走廊。西汉得以"列四郡，开玉门，通西域，以断匈奴右臂"（《汉书·西域传》）。形势的天平自此向汉朝倾斜。汉武帝元封三年（公元前108年），王恢攻取楼兰，占据了敦煌至楼兰间的交通要道，"西域震惧，多遣使来贡献"（《汉书·西域传》）。到了汉宣帝神爵二年（公元前60年），匈奴内乱激化，日逐王先贤掸背叛单于，率众降汉，乃至"童仆都尉由此罢，匈奴益弱，不得近西域"（《汉书·西域传》）。吐鲁番盆地的车师前国及塔里木盆地诸国纷纷归顺。朝廷在乌垒城（今新疆维吾尔自治区轮台县）设立了西域都护府，作为西域政治军事管辖中心。这是历史上中原王朝在西域的第一个行政管理机构。

西域都护府的设立，标志着西汉朝廷已占据管辖西域的强势地位。在巅峰期，西域都护府的辖域东起阳关、玉门关，西至费尔干纳盆地，北抵巴尔喀什湖，南括葱岭地区。《汉书·西域传》这样陈述西域都护府的职责："督查乌孙、康居诸外国动静，有变以闻，可安辑，安辑之；可击，击之。"

另一方面，西域都护府的设立，为中原与西域的货物贸易和人员来往提供了有力的安全保障，塔里木盆地两边的古代交流通道因而发展空前。这些道路主要有两条，《汉书·西域传》把它们称为"西域南北道"，并明确如下："自玉门、阳关出西域有两道：从鄯善傍南山北，波河西行至莎车，为南道，南道西逾葱岭则出大月氏、安息。自车师前王廷随北山，波河西行至疏勒，为北道，北道西逾葱岭则出大宛、康居、奄蔡焉。"可见这两条道路从河西走廊一路向西，深入中亚腹地。有了这两条道路，中原的丝绸、漆器、铁器等物品得以大量向西输出；西域的骏马、胡桃、胡麻、葡萄、苜蓿等特产也可纷纷输入中原。与货物贸易相随相伴、一同西去东来的，还有政治理念、官僚制度、礼仪习俗、宗教信仰、音乐舞蹈、饮食口味、审美意识等，彼此学习、吸收，相互影响、融合。这文化交流之领域广泛及意义深远，无论是奔走于"西域南北道"的商旅，还是保护"西域南北道"的兵将，甚至是开辟"西域南北道"的元勋贤达都难以料及。从这一角度，我们可以充分领会张骞无与伦比的贡献。

相比"西域南北道"，我们今天更为耳熟能详的是"丝绸之路"。

其实"丝绸之路"这一概念，是在 1877 年，由德国地理、地质学家费迪南·冯·李希霍芬（1833—1905）在完成对中国的多次考察后，于旅行报告和勘察著作中冠名定义的。李希霍芬的"丝绸之路"概念，明确地指向了年代跨度在西汉与东汉之间，以丝绸为主要贸易媒介，连接中华文明与地中海文明的亚欧大陆交通要道。这一界定，在空间维度上，显然广于"西域南北道"，却也毫不违和地将其吸收为重要的组成部分；在时间维度上，又与张骞出使西域的历史事件不谋而合。而且，命名为"丝绸之路"，不仅彰显了"丝绸"在所有贸易货物中的领袖地位，更揭示了汉王朝对这条东西方贸易通道的主导作用。不得不说李希霍芬的定义高屋建瓴、慧眼独居。所以"丝绸之路"一经提出，便在中外广泛流传，成为一个特定的标志性符号。

回顾历史，"丝绸之路"既非一日形成，亦非一成不变。西汉时，朝廷与匈奴的征战，始终左右着它的命运。西汉末王莽篡汉等一系列变故，也导致它经历"三通三绝"的磨难。虽然在东汉时曾一度稳定繁荣，然而好景不长，随着汉末的政体割裂，军阀争斗，西域都护府名存实亡，中原与西域的联系再度阻绝，丝绸之路陷入了长达数世纪的衰退。直至隋唐时期，形势方有回转。尤其在李世民贞观年间到李隆基开元年间，朝廷以强大的军事实力与卓越的外交智慧，不仅重新征服稳固了西域全疆，更将唐王朝的影响力远远扩展到了中亚锡尔河与阿姆河流域。丝绸之路再获长效维护和治理。唐王朝显然洞察到了这条古老的商贸通道对于国家繁荣稳定的重要价值，专门设置了安西大都护府、北庭大都护府两大专门机构统理西域事务，派遣精兵强将镇守沿途要地，还积极推行一系列贸易与文化的扶植政策，从而让驼铃声再次回荡在古老的沙漠与绿洲之间。唐代丝绸之路的复兴及拓展，使长安演变为丝绸之路的东方起点，跃升为世界瞩目的繁华都会，一时间"万国来朝"——各国使节、商人、学者纷至沓来，共同见证了丝绸之路的"黄金时代"。

时至今日，"丝绸之路"的概念范畴，已不再局限于其定义之初，而是具有更广阔的时空维度。当今学术界、文化界提及"丝绸之路"时，已普遍将它视为以汉唐为主，并持续至明清后世的深远历史存在，是中华文明的重要组成部分。

　　本书的探索之旅，精选我二十二年持续行走西域（我国新疆维吾尔自治区）而拍摄的300多张影像为素材，探索历史上汉唐丝绸之路的心脏地带。依据该地区独特的地理轴线，我将其划分为三个部分，紧密围绕"西域南北道"展开系统梳理：首先，旅程的路线区域涵盖玉门关、阳关以西和塔里木盆地的东界之间。沿途，历史的尘埃与现实的风景交织，引领我们步入一段段风沙半掩的往事。其次，我们深入塔里木盆地的广袤腹地，细细探寻那些散布于盆地南北沿线的众多西域古国遗址。这些古国，在丝绸之路的商贸往来与文化交流中，既经历了刀光剑影的征伐，也见证了文明交融的光辉。它们共同丰富了西域文明的深厚底蕴。最终，我们抵达塔里木盆地西缘及葱岭地区，这里已是新疆维吾尔自治区西部的边陲。从这片土地，丝绸之路的足迹将要跨越连绵的群山，迈向国门之外，远播四海。在这片遗迹斑驳的土地上，我们追寻着历史的深刻烙印，仿佛在通往遥远彼岸的漫长旅途中，重新点亮了那些曾经璀璨夺目的星辰，让它们的光芒再次照耀我们的探索之路……

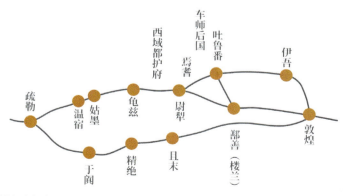

汉代丝绸之路物产交流路线（部分）

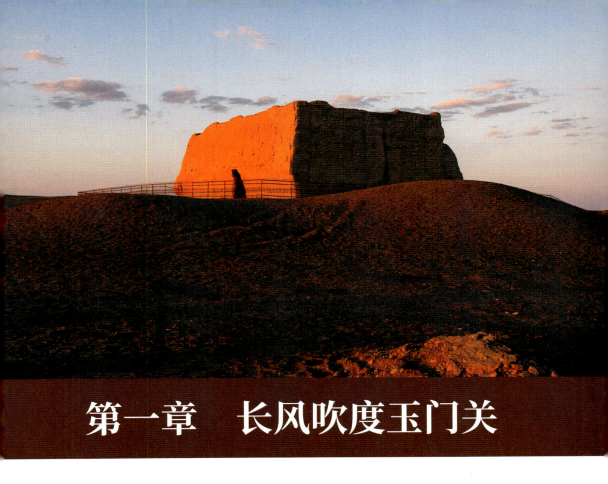

第一章　长风吹度玉门关

　　玉门关和阳关雄踞敦煌，它们是古代中原汉地与西域的分界，也是丝绸之路分歧为南北两道的原始起点。行走古老的丝路，常有"西出玉门，东归阳关"的说法。这不仅可坐实于汉代张骞的曾经行迹，也可验证于唐代高僧玄奘的来往路径。这两座关隘，一头紧紧连接着富饶的河西走廊，一头交际着广袤无垠的西域，迎来送往，深情凝视着一拨又一拨的商旅或使者走向塔里木盆地，走向吉凶未卜的前途。这一程，犹如序幕般拉开，显现西域的面貌。北望，是巍峨的东天山；南眺，是昆仑余脉阿尔金山。两山之间，则是绵延千里的戈壁滩涂，荒漠沙丘，考验着每一个行者的智慧和勇气。

一、傍行东天山：从伊吾向北庭

《后汉书》有记载："击破白山虏于蒲类海上，遂入车师。"《太平御览》中也提及："天山高，冬夏长雪，故曰白山……匈奴谓之天山。过之，皆下马拜。"这类记述，可以让我们知晓，自汉到宋，甚至在更长的时间跨度内，古人曾以"白山"指称天山。

天山山脉全长约 2500 公里，横亘在西域中部，将新疆分成了南北两部分，北疆有准噶尔盆地，南疆则有塔里木盆地。汉代，天山最东止于"伊吾"，该城邦国位于今天我国新疆维吾尔自治区的哈密市境内。这一地区，自然条件相对较好，古代游牧民族长期在此繁衍生息，乌孙、月氏、匈奴等少数民族部落政权都曾盘踞其地，而邻近的汉族王朝也不无觊觎之意。这无疑为这一地区的政局及管理带来了诸多的不安定因素。因此，自西汉以来，战争与和平，就成为这一地区交替出现的生存形态，循环反复，周而复始。这不仅深刻影响了东天山的历史进程，也抬升了该区域的战略位置。

西汉末年，当塔里木盆地诸城邦国悉数归附汉王朝的时候，位于东

东天山

天山的伊吾国却仍在北匈奴部落的控制之下。同时，吐鲁番的车师前国则在汉匈之间摇摆不定。因此，当时出敦煌只能偏南行走，沿疏勒河谷穿越罗布淖尔，方能抵达塔里木盆地。此即楼兰道的一段。局面的打开在东汉永平十六年（公元73年），汉明帝派奉车都尉窦固统兵由酒泉出塞攻击北匈奴，重创匈奴势力，窦固部

哈密巴里坤大草原

一年一度的巴里坤牧民骑骆驼比赛

属假司马班超奉命领兵收复了伊吾，朝廷随即就地驻设"宜禾都尉"来承担屯田和边防管理。伊吾的收复，对东汉时期丝绸之路的蓬勃发展至关紧要。占领伊吾，就切断了匈奴的南下线路，可确保东天山廊道物流交通的畅行无阻。延及唐代，伊吾归顺中原，朝廷设置了西伊州。随即以伊吾为起点，在天山北麓开辟出一条

丝绸之路的新通道，人称"新北道"。这意味着人们开始规避跋涉艰难的塔里木盆地，择取草原之路以为捷径。西伊州由此成为"丝路新北道"的门户。

今天，我们从新疆维吾尔自治区的哈密市北跨东天山，可踏上一段风景与历史交相辉映的旅程。沿途依次经过木垒县、奇台县，最终抵达昌吉回族自治州的吉木萨尔县。恍惚中，我们仿佛穿越到唐朝的盛世和平里，"新北道"徐徐展开，宛如一条碧绿的绸带，飘过水草丰盈、生意盎然的广袤草原，将人们悠然引领向遥远的中亚，去拜访楚河流域的碎叶城。

哈密雅丹地貌群

今哈密市，古称昆莫、伊吾、伊州，是新疆维吾尔自治区下辖的地级市，位于新疆东部。它北与蒙古国接壤，东连甘肃，南部隔罗布淖尔与巴音郭楞蒙古自治州若羌县相望，西与吐鲁番市鄯善县及昌吉回族自治州木垒哈萨克自治县毗邻。下辖一区两县，即伊州区、巴里坤哈萨克自治县和伊吾县（汉代伊吾的区划大致在今哈密市及其周边，与今之伊吾县有别）。

哈密的地势北高南低，因天山会脉贯穿而南北区域差异巨大。北部巴里坤哈萨克自治县和伊吾县较为湿润，南边的哈密盆地则大部是干旱的戈壁。

新疆维吾尔自治区的干旱沙漠地带多分布有一种较为典型的风蚀地貌。当地人用维吾尔语称它们为"雅丹"，意思是"具有陡壁的小丘"。20世纪初，瑞典探险家斯文赫定来新疆考察，在书写记录时，运用了"雅丹"这一称谓。随之将它带向国际。"雅丹"一名在学界，包括地理学与考古学都被广泛采纳，用以泛指风蚀型土墩和沟壑组合的地貌群。

哈密的雅丹地貌广泛分布在五堡乡的"十三间房风景区"及"南湖戈壁"等区域内。古称"八百里瀚海"的"莫贺延碛"就在这里。唐贞观三年（公元629年），玄奘大师西行取经，曾在这里身陷险境。《大唐西域记》里留下了如是生动的记载："莫贺延碛长八百里，古曰沙河。上无飞鸟，下无走兽，复无水草，顾影唯一。四夜五日无一滴沾喉，口腹干焦，几将殒绝。"哈密的雅丹地貌东西绵延，长数百公里。宽则自数公里至数十公里不等，展现出无与伦比的宏大规模与丰富形态，构成了哈密地区天然独特的地理风景，令人心生敬畏，流连忘返。

在现代科技发达、交通迅速的背景下，茫茫大戈壁已经不像千百年前那样令人心生畏惧，望而却步，反而吸引着越来越多的游人前来观赏雅丹地貌的神采，一探究竟。

我在2003年、2004年、2024年三次驱车穿越"十三间房"和"南湖隔壁"的雅丹地貌区。记忆深刻的是有一次遭遇了沙尘暴。当时，天空一瞬间黯淡下来，尘土和沙砾开始腾飞盘旋、四下拍打，淅淅沥沥的声响充斥耳际。我迅速找到一个"身形高大"的雅丹作为掩护，用遮光布把相机紧紧包裹起来揣进怀里。正担心着拍摄计划可能要落空，却在不经意瞥向高处的时候发现一个奇特的景象：两座柱状雅丹以倾斜的姿态高高屹立、刺向云霄。真是得来全不费工夫。我有了志在必得的冲动。我掏出摄影马甲里的一小块馕饼，边吃午饭边等待时机。果不其然，约莫二十分钟后，风沙渐渐平息。我一跃而起攀爬至高处，将脚架支撑在斜坡上，收获了一张至今欣喜满满的作品——灰土色的天幕中有昏暗的日晕，而耸峙的风蚀柱独立空谷，凸显着雅丹层层叠叠的结构，宛如一幅奇绝的外星景象。

沙尘中的风蚀立柱

五堡魔鬼城的龟裂地貌

艾斯克霞尔古堡

"艾斯克霞尔"是维吾尔语，意思是"破旧的故城"。古堡巧妙地隐藏在五堡魔鬼城的雅丹侧壁上。它以土坯建造，东西长约 50 米，南北宽近 4 米，为双层建筑，残存房屋 3 间，以木为盖顶。据考证，艾斯克

隐藏在戈壁荒漠中的古堡遗址

霞尔古堡已有约 3000 年历史。古堡遗址中出土的陶片，标示了它的年代在汉代前后。可以想见，古堡的建造和延续，曾满足了欧亚大陆间人们迁徙、流动的生存需要和生活需求，它无疑是茫茫沙碛中一个用来歇息、补给甚至救命的基地或驿站。

拉甫却克古城遗址

拉甫却克古城，据考证为唐代纳职县城的所在地。唐贞观四年（公元 630 年），在哈密置西伊州，后又改称伊州。伊州下辖伊吾、纳职、柔远三个县，而纳职县城是纳职县的治所。可以说，拉甫却克承担着中原王朝经营西域的重要使命，对维护西域安全稳定曾经起到过不可替代的作用。

拉甫却克古城遗址，位于今哈密市五堡乡博斯坦村，距哈密市 65 公里。城分南北，平面呈现"吕"字形。北城东、南两墙严重损毁。西墙残存长约 60 米，北墙残存长约 125 米。两墙外各有一座马面，相接处有角楼遗迹。南城东北角残存高约 15 米的梯形角楼一座。2019 年，环绕故城区域发现了两处佛寺遗址、一处仓储遗址、一处公共墓葬，可见拉甫却克具有完备的建设布局与设施系统。故城与白杨沟佛寺位置距

拉甫却克古城遗址

南城东北角现存的梯形角楼遗址

城内高台基址

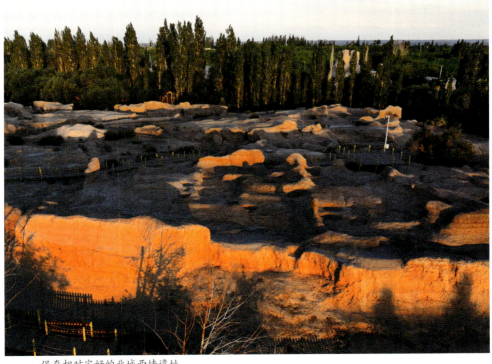

保存相对完好的北城西墙遗址

离十分靠近，都临岸分布于白杨河畔，可知白杨河流域始终是汉唐伊吾的核心区域，也是当地政治管理和宗教文化的中心地带。

白杨沟佛寺

　　白杨沟佛寺系哈密市规模最大的佛教寺院遗址，位于哈密市农十三师柳树泉农场白杨沟村的东面。佛寺遗迹散布在白杨河上游东西两侧的台地上，主要遗址均在西岸。佛寺遗存包括5座寺院和1座禅房。其中心建筑是一座大型佛殿，残高约15米，墙体厚度约1米。殿中央仍有一尊高约8米的坐佛残迹。

　　西域有许多佛院遗址，然而作为一个以军事重镇为定位的地区，有如此规模的佛院遗址，且佛塑与壁画艺术皆备，只能说唐代佛教昌盛的程度远超想象。从哈密市的地理位置来看，应该是受到了吐鲁番盆地的高昌国佛教信仰与汉地佛教信仰的双向辐射。据考古发现，这里曾经出土过回鹘文的佛教大型剧本《弥勒会见记》，并且遗址中个别的佛塑坐姿类似弥勒像，所以学术界认为，在公元8—9世纪，这里曾经流行过弥勒信仰。

坐落于白杨河东西两侧的白杨沟佛寺遗址

佛寺大殿遗址

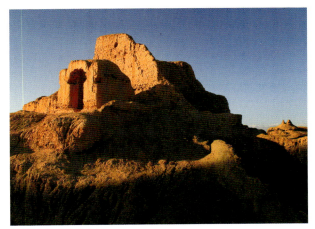

坍塌的穹顶佛堂遗址

佛寺僧舍遗址

白杨沟佛寺遗址全景

2007年，我第一次踏入白杨沟佛寺，手中的相机记录下了这片古老遗址的沧桑与静谧。那些照片，至今仍让我感到满意，仿佛每一帧都凝固了时光的痕迹。2024年7月，我再次来到这里，这次我增加了无人机航拍，力求从空中捕捉这片古老遗址潜藏于岁月之中、不为人熟知的别样风貌。

第一天的天气并不理想，阴沉的天空让空气显得浑浊，拍摄效果远未达到我的预期。心中总有些不甘，仿佛这片土地又在呼唤我再次归来。当天下午，天空终于放晴，阳光洒满大地。我毅然决定改变原定的计划，驱车90公里，往返三个多小时，重返白杨沟佛寺遗址。

当无人机升空，镜头下的遗址在明媚的光线中展现出全新的视角。光线洒在遗址上，勾勒出它们的轮廓，仿佛为这片沉寂的土地注入了新的生命。那一刻，我感受到了一种与历史对话的奇妙体验，仿佛时光在此际交汇，过去与现在在这片土地上融为一体。这次"杀个回马枪"的决定，让我捕捉到了更为动人的画面，每一次按下快门，都是与这片土地的深情对望。回到哈密市区，已是晚上十点多钟了。夏夜的餐馆将桌椅都摆在门口的人行道上，我在尚未平息的激动和满足中感到饥肠辘辘，大快朵颐地犒赏起自己来。

焕彩沟汉碑

这块石碑位于哈密市伊州区以北50公里的焕彩沟内。它是为东汉顺帝永和五年（公元140年）伊吾司马沙南侯获所刊刻的纪功碑。碑体为天然巨石。东西长3.2米，南北宽3米，高度2米。碑文曾被磨去，后世又重刻。正面"焕彩沟"三字为清代所镌，下方有汉代长篇铭文，基本已经无法辨认。可辨认的有"惟汉永和五年六月十五日"与"沙海"的字样。除焕彩沟汉碑外，哈密还有任尚碑和裴岑碑，分别纪念西域都护任尚与敦煌太守裴岑守卫边疆、抗击外敌的功绩。

经过石碑所在的焕彩沟，就可以进入天山松树塘达坂了。松树塘是丝绸之路交通往来的一个古道节点。从此处翻越东天山就可以抵达北麓的巴里坤草原。如再继续向西行走，经过木垒、奇台可以到达北庭都护府。

新疆的夏日，阳光炽烈，空气中弥漫着瓜果的香甜，杏子正是成熟的季节。在焕彩沟沟口旁的高速路路肩上，我偶然遇见了一个售卖杏子的年轻人。他站在路边，身影显得有些孤寂，目光却始终追随着我下到沟里拍摄的身影。

当我拍完片子，带着满身的尘土和汗水回到路边时，他依然站在那里，身旁摆着五箱三个品种的杏子。纸箱中的杏子按品质和价格分得清清楚楚，金黄透亮的果实散发着诱人的光泽。出于好奇，我每个品种都买了一点。随即放一颗进嘴里，果肉饱满多汁，甜中带着一丝微酸，正是夏日里最解渴的味道。我忍不住赞叹："这杏子真不错！"

焕彩沟碑体天然巨石

暑假回家的大学生

见我吃得津津有味，年轻人的神情稍稍放松了些，嘴角也露出一丝笑意。我们聊了起来。原来他是在读的大学生，趁着暑假回家休息，顺便帮家里果园售卖杏子，为家里增加一些收入。他说这话时，语气里带着一丝自豪，也有一份对家乡的眷恋。我听着他的讲述，仿佛看到了一个年轻人在城市与乡村之间寻找平衡的身影，既有着对未来的憧憬，也背负着对家庭的责任。临走时，我又多买了一些杏子，不仅是因为它们的美味，更是因为这份偶遇的温暖。在新疆的夏日里，瓜果的香甜与人的质朴交织在一起，构成了这片土地最动人的风景。而那年轻人的身影，也成了我这次拍摄之旅中难忘的一幕。

大河故城

巴里坤县，全称"巴里坤哈萨克自治县"。它是汉代"蒲类国"的所在地，早先地属匈奴右部地界之南缘。到唐代设置西伊州后的辉煌岁月里，该县的"甘露川"脱颖而出，成为李唐王朝大兴屯田的主要基地之一。北庭都护府下属三军之一的"伊吾军"驻扎于此。这一历史，在《旧唐书·地理志》中留下了确凿印记："伊吾军，在伊州西北三百里甘露川，兵三千人，地五千亩，马三百匹。"这翔实的记叙，揭示了唐代伊吾军镇的曾经规模。

大河故城遗址

"甘露川"位于今天的大河乡。这里地势开阔，三面环山。东天山山泉潺潺而过，汇入巴里坤湖。这自然

附城通向主城的门道

主城西南角城墙马面

条件，使得"甘露川"得天独厚、能牧能耕。公元710年，唐朝在此新建了一座屯城，它就是大河故城——当时三千伊吾军将兵屯垦的城池所在。故城仁立于东头渠村的大片农田之中，占地面积18.76万平方米，由主城（西城）和附城（东城）两部分组成。主城东西长180米，南北宽210米；附城东西长170米，南北宽240米。城墙最高处高约10米。主城内设官署行政区与居住区；附城的作用为驻军与屯粮，有马厩等设施。故城西墙和北墙相对完好，马面与敌楼依然残存可见，像在昭示其军城的本色。

巴里坤鸣沙山

鸣沙山这一奇特的地质现象，是哈密地区南北气候差异明显的物化表现。它位于巴里坤哈萨克自治县的天山脚下。伴随着翠绿的山谷如画

巴里坤鸣沙山

卷般铺陈，连绵的沙山突兀地显现在其中央。它仿佛是严酷的生态在东天山草场温柔怀抱里的最后一丝挣扎。当风吹沙山时，沙粒随气旋在山体表面回旋流动，产生"空竹"效应而嗡嗡作响，是名"鸣沙山"。

巴里坤湖

巴里坤草原是天山山系三大草原之一，也是西域哈萨克族牧民世代居住的重要区域。草原西北部的巴里坤湖，就是东汉班超领兵"别击伊吾，战于蒲类海"中的"蒲类海"，它承载了该地重要的历史文化记忆。它的湖面海拔约1585米，属于高原湖泊，也是我国四大盐湖之一，含有储量丰富的芒硝矿和盐田。近年来，巴里坤湖湖泊面积萎缩严重，湖盆周围草场退化，曾经湖光如镜、山色苍翠、牧歌荡漾的"蒲类海"，正面临着严峻的生态挑战。

巴里坤湖边牧场

此次拍摄巴里坤湖，我原本计划沿着湖岸栈桥步行深入，试图捕捉湖面与岸边的交融之美。走了五分钟，遇到牧民，我询问多久能看到湖边。他伸手向几米开外指了指，说这里就是几年前湖面的位置，现在则要走很久。很久是多久？怀着对这个模棱两可的答案的疑惑，我走了整整十五分钟，而当抵达栈桥尽头时，湖面却依然遥不可及。我举目遥望，自问若是再走十五分钟，能否触及那片波光粼粼的湖水？此时咸涩的风从湖面阵阵袭来，带着巴里坤湖特有的气息，仿佛在向我低语，劝我退却。我曾想过直接用航拍器飞越这片空旷的水域，但转念一想，没有了岸边人与动物活动的画面，再美的湖景也会显得孤寂而缺乏生机。于是，我果断转身，小步半跑地退出了栈桥。

　　此时，同行的刘欢迎大哥早已将越野车停在路边等候。我们稍作商议，决定驱车沿湖岸向东行驶几公里。果然，没过多久，一片广袤的牧场跃入眼帘，成群的牛羊悠闲地啃食着青草，而远处的巴里坤湖正拥抱着最后的余晖。正当我沉浸在这幅田园画卷中时，刘大哥笑着透露，这片牧场的主人正是他的堂弟。说话间，只看到他堂弟带着孩子远远走来。我不禁莞尔，这意外的缘分，真是为此次拍摄增添了一抹温暖的色彩。

等待回家的奶牛

牧归

三塘泉烽燧

烽燧，又称烽火台，是古代传报军情的重要设施。如遇敌情，士兵立即登上高台，白天升烟，夜晚燃火，通知邻近的烽燧，以一种渐次传递的方式，使边疆警讯快速报达中原地区。所谓"烽火连天"，正是这一场面的再现。

丝绸之路的古道旁、重镇边，大量分布着这样的烽燧遗址。三塘泉烽燧在巴里坤县三塘湖镇的中湖村东南 12 公里处的戈壁上。烽燧残高约 9.5 米，底部的基座边长 4 米，以片状的石头层层堆垒。烽燧上部以土坯为主，混杂树枝、芦苇等夹筑而成。哈密地区境内的烽燧现在还存有 63 座。尚没有可考据的汉代烽燧。最古老的建造于唐代，现存 4 座。三塘泉烽燧为其中之一。其余皆为清代烽燧。

三塘湖镇距离中国与蒙古国边境口岸"老爷庙"约 80 公里。两地之间是宽 120 公里的大戈壁。随着现代化高速公路的建设，省道、国道无缝相接，两国的货物贸易畅通无阻。沿途大型油罐车、集卡等运输车辆连成长龙，络绎不绝。为了寻觅三塘泉烽燧，我们一行人提前在巴里坤边境管理大队办理了边境管理区通行证，然后通过 S303 公路北上……

就在这片繁忙的交通线旁，三塘泉烽燧静静矗立，仿佛一位沉默的守望者，凝视着千年的沧桑变迁。烽燧下的戈壁滩，黄沙漫漫，天地苍茫。就在我们驱车将要到达时，两只小黄羊突然闯入视野，它们轻盈地跳跃着，仿佛是从历史的缝隙中跃出的精灵。这是我多年拍摄遗址从未见过的景象——静默的烽燧与灵动的生命，在这一刻同框。

生怕错过这难得的瞬间，我来不及下车就迅速端起相机，在车内按下快门。镜头中，小黄羊的身影与烽燧的轮廓上下呼应，构成古老与现代、

烽燧下奔跑的黄羊

荒凉与生机的奇妙画面。那一刻，戈壁的风声、车辆的轰鸣，似乎都远去了，只剩下这一帧影像，定格在我的镜头里，也定格在我的记忆中。

淖毛湖胡杨

在东天山南麓，哈密市东北部的伊吾县，距离淖毛湖镇以东10公里的地方有一片总面积超过47万亩的胡杨林。这里是世界上仅存的三大胡杨林景区之一。林区里的胡杨树千差万别。有的仍值壮年、枝繁叶茂，有的死而不倒、铮铮向天，有的倒而不腐、盘根虬结。胡杨是唯一能够在沙漠中结伙成林的落叶科高大乔木，根须庞杂，坚韧地扎入戈壁沙土之中，深处可达10米。而且，其树叶和树皮等机制特异，能排除盐碱、减少水分蒸发。所以无论严寒、酷暑，或者干旱、盐碱都无法撼动胡杨树的生命意志和生命活力。它们的树龄一般在100至300年间，犹如一部自然之手谱写的史诗，记叙着生命轮回与物换星移。

雪山下的傲骨雄姿

唐朝墩故城

出哈密，向天山以北行进，可以到达昌吉回族自治州奇台县，这里是唐代庭州辖下的蒲类县所在。根据《太平寰宇记》记载，该县在庭州以东40公里，唐朝墩故城就是昔日蒲类县的县治。该城营造于公元7世纪中叶，废弃于14世纪。它位于水磨沟西岸台地上，占地面积约12.36万平方米。自2018年起，中国人民大学民族考古研究所和新疆文物考古研究所共同对唐朝墩故城进行了首次系统性的考古发掘。在这个过程中，团队相继发现了一系列珍贵遗迹，包括完整的唐代院落遗址、坐东朝西的景教寺院遗址、坐西朝东的佛教寺院，以及一处尤为引人注目的公共浴场遗址。据考证，该浴场大约建于公元9世纪前后，它的建筑设计和空间布局与古代地中海沿岸同类建筑具有惊人的相似性。然而，在彩绘装饰和出土遗物上，却又充斥着中原和回鹘文化特色。这反映出当时古罗马文明在远东地区已经有了相当的影响，并彰显出本土文化的深厚底蕴及多民族共荣的社会状况。这类历史景观的背后，往往有贸易繁荣、交通发达、政治开明等因素作有力支撑。

另外，在佛寺山门之北、庭院以南的区域，考古人员精心发掘出了数间配殿与厢房的遗迹，从中出土包括泥塑残片、织物遗存等多种宝贵文物。尤为令人振奋的是，在这片遗迹中，考古人员还发现了虽已碳化，

东北角楼遗址

考古后回填的景教寺院遗址

景教寺院遗址内出土的高昌回鹘时期人物形象壁画（奇台县博物馆藏）

但仍留有清晰墨迹的卷轴与纸张。这些纸张被正反两面书写，记载的文字中既有汉文也有回鹘文。后据辨识与解读，它们正是《大般涅槃经》的残页。这是在天山北麓首次发现这一重要大乘佛教文献，它为研究该佛寺的历史文化价值增添了新的重要线索。

2024 年 7 月，我第一次涉足唐朝墩故城。这座自 2018 年起被系统性考古发掘的遗址，此前从未进入我的视野。这次能够成行，多亏了同行好友、澎湃新闻艺术主编顾村言先生的极力推荐。尽管得知故城在考古挖掘后大部分区域已被回填，我们依然不愿错过一睹其风采的机会。

在唐朝墩故城的遗址上，我们遇见了中国人民大学的考古工作团队。烈日当空，他们全神贯注地投入工作中，汗水浸透了衣背，却丝毫没有减

烈日当空下考古人员不断补充水分

弱他们对历史探寻的热情。团队的负责人欣然接受了我们的采访邀请，用精练而生动的语言为我们勾勒出唐朝墩故城的历史轮廓与文化底蕴。他的讲述仿佛为这片沉寂的土地注入了新的生命，让我们感受到这座故城曾经的辉煌与沧桑。

随后，我驱车前往奇台县博物馆。这座承载着厚重历史与文化的殿堂，静静地矗立在县城一角。步入博物馆二楼，关于唐朝墩故城的详尽展览几乎占据了整个楼层，彰显着这一遗址在学术研究中的重要地位。

天山麦海半截沟

奇台县半截沟镇处在东天山北坡辽阔的浅山区中，它像是大自然精心雕琢的动态画卷，在四季更迭中景致万千。如今这里是国家 5A 级江布拉克自然风景区的所在。融入这自然美景中的，还有天赐良田。得益雪山丘陵的孕育和人类的辛勤劳作，半截沟麦浪层叠、随山起伏，被称为"天山麦海"。除了大麦和小麦，此地还盛产多种农作物，如玉米、甜菜、打瓜、红花等。

得天独厚的农业和水利优势，加上地势开阔、易守难攻的特点，使得半截沟从公元前的西汉开始，便被作为重要的校尉屯戍基地。东汉时期，耿恭将军选择退守此地的决策彰显了其深远的战略眼光。半截沟，作为中原与西域之间至关重要的交通枢纽，为耿恭部队提供了守护屏障，也为中原援军的迅捷抵达创造了可能性。由此，自然条件与人工谋略相互成就，书写了半截沟在历史进程中的华彩一页。

石城子遗址

石城子，处在昌吉回族自治州奇台县的半截沟镇麻沟梁村。其地属

天山麦海——江布拉克自然风景区

石城子遗址及周边地势

于天山北麓的丘陵地带，傍临深涧，地势险峻。该遗址约略呈方形，总占地11万平方米，城东北和西北残存两座角楼，城内西北挨贴着城墙有一内城。城址、手工业作坊和墓地三部分构成石城子遗址的整体。这里曾出土大量的汉代板瓦、筒瓦和瓦当等建筑材料，以及五铢钱、陶器残件、弩机配件、箭镞等文物。

东汉明帝时期，朝廷在西域都护之下设置了戊、己两校尉。耿恭为戊校尉，屯田于车师后国"金满城"；关宠为己校尉，屯田于车师前国之柳中城。永平十八年（公元75年），北匈奴控制之下的焉耆、龟兹联合围攻在乌垒的西域都护府。敌军攻势凶猛，都护陈睦全军覆没，己校尉关宠也大败亏输，唯有戊校尉耿恭艰难退守至疏勒，在殊死抵抗中等到了支援的汉军。返回玉门关时，耿恭所部仅剩十三人。经过考古研究认定，疏勒城就在今天的石城子遗址。这是一处年代准确可靠、文化特征鲜明的汉代遗址，曾是戊校尉的治所所在，在当时扼控着匈奴南下入侵吐鲁番盆地的要害。

俯瞰石城子遗址

城内遗址发现的大量瓦片及灰陶片

外城东北角楼残基遗址

站在西北角墙体遗址上的看护员

风云北庭

东天山的风云集结，唐代以后主要转向天山廊道北麓的北庭。其地位于今吉木萨尔县。该地区是绿洲和草原的交界地带。汉代，这里叫作"务涂谷""金满城"，是车师后部的中心，山北六国亦散布于此。从这里出发跨越东天山的多条古老的交通道路，将天山南北互相联系。唐代时，该地曾是西突厥叶护可汗的王庭所在。它"南枕天山、北控草原"，向东通达长安、向西遥指碎叶。它南距西州（高昌城）140公里，东南距伊州（哈密市）380公里，是唐朝对天山北麓及丝路新北道实施有效治理的核心枢纽。唐贞观十四年（公元640年），侯君集平定高昌，同时在天山以北设立庭州。庭州下有四县，分别是金满县（今吉木萨尔县，治所在北庭故城）、轮台县（今昌吉至阜康之间）、蒲类县（今奇台东南的旧奇台城，治所为唐朝墩故城）、西海县（玛纳斯河流域一带）。

武周长安二年（公元702年），武则天对庭州再度委以重任——于庭州置北庭都护府。都护府不但延续了汉代戊己校尉屯田戍边的传统，还通过军政体系强化了朝廷对西域"以北制南"的战略。景龙二年（公元708年），北庭都护府升格为大都护府，成为与安西大都护府并驾齐驱的边疆独立军政管理机构。此后，安西大都护府统领安西四镇，管辖天山以南的塔里木盆地地区，防备吐蕃等外敌的侵扰；北庭大都护府则镇抚天山以北，巴尔喀什湖以南，远至中亚阿姆河和锡尔河流域的广大地区。两大都护府军政合一，标志着李唐王朝对于西域诸国强有力的管辖和控制，进一步保障并促进了唐代丝绸之路的畅通和繁荣。

随着安史之乱后李唐王朝的衰落，西域渐渐失控。公元790年，漠北的回鹘汗国与吐蕃就北庭展开争夺。回鹘汗国最终战胜吐蕃，掌控了北庭。回鹘人对北庭城加以修缮继续沿用，还一度把该城作为回鹘王室的夏都。

北庭故城

当历史的尘烟被时光驱散，北庭故城的残垣断壁依旧静静伫立在今天的吉木萨尔县北庭镇，南距县城约 12 公里的地方。因为残损，当地人也戏称它"破城子"。故城平面为不规则长方形，南北长约 1666 米，东西宽约 959 米，总面积超过 150 万平方米。城有内外两重，城墙高逾 10 米，厚 8—12 米。城墙上有马面 32 个、角楼 2 座、敌台 2 个。这些完备的防御设施遗迹清晰透露着北庭作为军事重镇的规划和格局。并且，故城的外城门在北墙。目前，能够看出它完整地保存了过梁式木构城门门洞。这类门洞结构稳固，能更好抵御外敌入侵时的冲撞与火攻。故城之外有东、西河坝——两条天山河水支流流经此处。它们不仅为城内的军民提供了生活水源，更担当了护城河的重要功能，为北庭大都护府提供了守护。唐代北庭下属的"瀚海军"驻扎在北庭故城的外城，是当时天山北麓最强大的一支驻屯军。

外城西北角楼遗址

马面遗址

东敌台遗址

内城北门遗址

作为天山北麓军政中枢与丝路贸易关纽，北庭故城承载着中华文明多元共生的深层历史密码。盛唐诗歌中"瀚海阑干百丈冰""胡天八月即飞雪"的苍茫意象，正是中原文脉与西域地理特质交融的艺术投射。故城所在的丝路北道作为连通中原农耕文明、草原游牧社会与中亚绿洲城邦的主动脉，以其宏大的城址佐证了唐代丝路商贸体系的高度繁荣。北庭故城目前被列为"丝绸之路：长安—天山廊道的路网"的 6 处世界文化遗产之一。

北庭西大寺

在距离北庭故城西墙约 600 米的地方，坐落着一处大型佛教遗址，今称"北庭西大寺"，它是高昌回鹘在其夏都北庭的皇家佛寺。遗址的外观形似一个大型土丘，立面如梯形，平面呈长方形，面积约 5426.59

北庭西大寺

平方米，残高约 14.3 米。其地面以下是夯土的台基，地面上为土坯砌筑，是一座两层建筑。下层南侧，尚有东西各两的四个配殿，内残存佛坛、台座、塑像、壁画和木构建。洞龛集中于佛寺东侧，现存为 15 个，上层 7 个、下层 8 个。这些洞龛平面均为长方形券顶，内有台座、壁画和塑像。遗址内出土过木器、玉器、铜器、陶器和钱币。其雕塑和绘画的风格技法显示佛寺应繁盛于唐代，大致与高昌回鹘时期同时。

　　发现于 S105 号配殿西墙的八王分舍利图，是北庭西大寺壁画的精品。壁画表现的是佛祖涅槃之后，古印度八国国王领兵前往拘尸那城争夺佛祖舍利的故事。画面中心一位国王盘坐在白象上，怒目圆睁、手作指引，于庄严中透出肃杀之气。他的身形被刻意放大，成为整个画面的视觉焦点。两旁的骑兵身着汉风甲胄，列队布阵，并进在山谷间。马匹形态各异，身姿矫健。人物表情很生动，富有世俗情趣。

S105 配殿的八王分舍利之国王领兵出行图

　　2006 年，我初访西大寺的时候，正遇上文保单位在其外围搭设钢筋架。工程正酣，我自然未能得以入内。只是以大画幅相机拍摄了一张西大寺外景图。西大寺里的景象如何？这一想象夹杂着遗憾，在我脑海心田驻留多年，促使我在 2024 年环行东天山之旅中特地在吉木萨尔停留。在多方联系及申请后，终于得到了进入西大寺拍摄的许可。抵达后发现，现在为了保护西大寺以及它暴露在外的塑像、壁画，文保部门建造了一座高大的楼房建筑将它包裹了起来。沿着楼内的多层楼梯向上步入参观平台，人们可以在不同的角度全方位远观西大寺。同时此建筑内设立有北庭西大寺遗址博物馆。馆内的展陈以仿真洞窟、雕塑、壁画的形式，将北庭的历史和佛教艺术

2006 年秋西大寺保护工程施工现场

完整梳理，同时也将文物保护的知识、工作为大众作普及剖析。这是我在新疆各地寻访多年看到的为数不多且规模宏大的文保与文博完美相结合的案例。一番沉浸式的拍摄后，我走出西大寺遗址转身回望，为西大寺得到的重点保护而感到安慰，却又有些怅然若失。从此以后，西大寺敦实雄伟地屹立于蓝天之下的画面，恐怕不会再有了。

车师古道

这条古道始于汉代，甚至更早。汉代称"他地道"，唐宋时期称为"金岭道"。后来人们习惯叫它"车师古道"，因为它跨越天山，连接了古代的车师前、后国。这条交通孔道在汉代是匈奴南下吐鲁番盆地的重要道路。出车师前国向西南行军不久即可直逼焉耆、龟兹，乃至整个塔里木盆地。唐代，它的两端分别是庭州与西州这两个丝路重镇，是北庭都护府和西州都督府的直接联络通道。

东大龙口遗址，是扼守车师古道的一处军事设施遗址。它西临大龙口沟长山渠水系，平面略呈长方形，东西约 77 米，南北约 54 米，面积约 3200 平方米。夯土建筑的墙体，残存宽度 3 米，高度 1—2 米。内部不见建筑遗迹，但在地表发现的红陶、灰陶残片以及缸、瓮、罐等器皿与北庭故城的同类器物质地风格相同。该遗址被视为车师古道的北端起始点，从东大龙口向南延伸开去，须得翻越六座桥梁（头道桥至六道桥），最终可抵吐鲁番。

在长山渠水道以东 150 米处，另有一处小西沟遗址。遗址平面呈现倒梯形，南北长约 188 米，东西宽约 124 米，面积约 18170 平方米。遗址四周的夯筑墙体约 3 米宽，仅仅略高于地层，夯层厚 5—8 厘米。内部沟壑纵横，有一些难以辨别的建筑基址。地表遗物较多，涵盖史前至唐代的多个文化层。

东大龙口遗址

小西沟遗址

车师古道是先民们行走的地方，也是曾经生活的地方。如今踏在车师古道，你能领略到它得天独厚的地理优势。它逶迤于天山群峰之中，倚傍着大龙沟的水道，草树葱郁，路途平坦，且适宜放牧。所以至今仍被当地牧民通行沿用，可谓"古道常新"。

2024 年 7 月的古道之行，我临时起意，租了老乡的摩托车。摩托车的速度确实快，效率也高。我坐在后座，一只手扶着骑手的肩膀，另一只手托着相机，探身张望。风从耳边呼啸而过，眼前的景色飞速后退，仿佛时光在这片土地上快速流转。我们穿越密密的荨麻"丛林"时，会防不胜防地被剐蹭到手腕或脚腕的皮肤，疼痛钻心，久久难平。这种切肤痛感，因由这片土地的粗犷与野性。偶尔，我们也会在路边捡到比脸盘还大的蘑菇，令人惊叹不已，仿佛是大自然随手抛下的礼物。然而，与马匹不同的是，摩托车只能开到四道桥处。再往前，坡陡道窄，碎石遍布，摩托车显然无法继续深入。往回走到二道桥的时候，恰巧遇一乡民，他正骑马驮送物资。我上前攀谈，知晓他是吐鲁番人，名叫哈尔拉。随着他缓缓前行，马蹄声与铃铛声交织在一起，木桥发出轻响。那一刻，我忽然意识到，或许只有像马这样的生灵，才能真正融入这条古道，契合它自然的秉性。

第二次造访是在深秋 10 月，山里的气候已大不相同。古道两旁的草已全黄。牦牛群也不再散落各处，而是集结在一起，静静地等待着牧民的转场。空气中弥漫着一种萧瑟的气息，仿佛大地也在为即将到来的寒冬做着准备。

跨越天山南北的车师古道

10月在古道上偶遇等待转场的牦牛

古道上的摩托车骑手

运送物资的乡民

二、吐鲁番盆地：火焰山下的双城风云

穿过车师古道，我们踏入了古代西域的另一片璀璨文明的摇篮——吐鲁番盆地。现今的吐鲁番市下辖高昌区、鄯善县和托克逊县。这片土地东部与哈密市相接，南望神秘的罗布淖尔，被巍峨的天山、觉罗塔格山、喀拉乌成山三面环绕，形成了独特的盆地地形。在这片盆地之中，火焰山傲然矗立，如同烈火燃烧，使吐鲁番得名"火州"。追溯至三千年前，一支名为"姑师"的部族曾在这片热土上繁衍生息，《史记·大宛列传》记载："姑师邑有城郭，临盐泽。"只言片语，就勾起人们对那段古老岁月的好奇与想象。

吐鲁番盆地，因其酷热少雨、地表水分蒸发量巨大的自然气候环境，水资源格外稀缺，格外珍贵。水，成了决定人类生存与发展的关键。从最初依赖天山融雪，逐水而居的游牧生活，到后来巧妙利用自然，建造出庞大的坎儿井引水体系，吐鲁番人民逐步实现了从山谷游牧向绿洲农耕的转变，这一历程不仅结晶了人类的智慧，也推动了盆地文明的持续进步与繁荣。放眼西域，吐鲁番的地位举足轻重。它占据东西、南北两

火焰山下的库木塔格沙漠

吐鲁番的葡萄园与晾房

条要道交会的十字路口，自东汉起便已成为丝绸之路的北道枢纽。及至隋唐，更成为中原货品进出的重要的贸易中转站。此外，吐鲁番三面环山，地形险要，易守难攻，自古便是兵家必争的战略要地。于是，随着西域地缘局势动荡与中原王朝驱赶胡族的脚步，盆地上演了一幕幕波澜壮阔的历史正剧或悲剧，为后世遗留下可以述说久远的许多故事。

吐鲁番的沧桑往昔，深深烙印在两座故城——交河和高昌的历史变迁之中。交河与高昌，系吐鲁番盆地存续时间最长、规模最为宏大的两座故城遗址，它们不仅是先后统治吐鲁番盆地的车师前国和高昌国的都城，也是吐鲁番乃至西域历史的见证者。通过梳理这两座故城的往事，我们可大致勾勒吐鲁番盆地的历史框架。

上溯至公元前 108 年，汉武帝敕令大将赵破奴、王恢攻克楼兰与姑师。战役直接切断了匈奴从蒙古高原西部南下西域的两条路径，也使姑师分裂为八国——"及破姑师，未尽殄，分以为车师前后王及山北六国。"（《汉书·西域传》）。随后，姑师开始以"车师"之名现身历史舞台。八国中车师前国势力尤大，霸据吐鲁番盆地之交河城。而汉朝获胜并没有消弭兵灾、带来岁月静好，这样的兵家必争之地，匈奴是无论如何也不愿旁落他手的——"车师地肥美，近匈奴，使汉得之，多田积谷，必害人国，不可不争也。"（《汉书·西域传》）于是，战争的帷幕再度

台地上的交河故城

掀开，汉、匈为争夺车师开启了长达50年的旷日征战。那个鼓角连天、兵荒马乱的年代，史称"五争车师"。直到公元前60年，匈奴日逐王败降汉朝，侍郎郑吉击破车师，"五争车师"才得以宣告终结。

今天，人们寻觅车师的影踪，必然指向其最主要的遗存——交河故城。交河故城位处于古代姑师人活动的核心区域。吐鲁番盆地的早期文明也发生在这里。到了汉代，它是占据吐鲁番盆地的车师前国的王都，也是盆地历史上第一个政治、经济、军事中心。公元前48年，西汉政府设置了戊己校尉，驻扎交河。在"五争车师"后相当长的一段时期内，车师前国臣属中原。双方共同开发、维护了以交河城为中心的戍边屯田体系。

另一边，一座新的城池正应运而生，它就是高昌。高昌的历史可上溯至公元前104年的汉武帝时代。当时贰师将军李广利西征大宛，在距离交河不远处的火焰山脚下营造了一处囤养伤兵的土堡，命名为"高昌壁"。这在《北史·西域传》里有明确记载："昔汉武遣兵西讨，师旅顿敝，其中尤困者因住焉。地势高敞，人庶昌盛，因名高昌。"交代了高昌城的由来。

高昌国的建立则历时长久，道路曲折。东汉后期，朝局动荡，政权式微，中央对西域各地渐渐失去控制。继而中原大地军阀征战，四分五

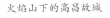
火焰山下的高昌故城

裂。为躲避战乱，中原百姓逃难迁徙，不少人沿河西走廊去往西域，选择"人庶昌盛"且具有一定汉文化传统的高昌城栖身寄居。三国时期，曹魏政权将戊己校尉的治所从交河移设至高昌。而北朝前期，前凉又在高昌设郡（《前凉录》有"置高昌郡，立田地县"的记载）。于是，高昌郡开始与车师前国在吐鲁番盆地分庭抗礼。公元450年，占据高昌的沮渠氏政权趁车师前部国王出兵协助北魏攻打焉耆之际，发兵攻击交河。历时八年，车师前国灭亡。车师人或融入高昌，或流落他乡。十年后，北方的柔然汗国击溃沮渠氏政权，拥立高昌豪强阚伯周为王，高昌就此立国。交河则沦落为高昌下属的一个郡。其后八十年，高昌国被阚、张、马、麴四个家族相继统治，他们吸收中原所长，发挥地缘优势，使高昌成为西域强国，开启了吐鲁番盆地民族集聚、技术进步、文化交融、宗教传播发展的新时代。

公元640年，唐太宗平定高昌，"置西州，又置安西都护府，留兵以镇之"（《旧唐书》）。此时的安西都护府设于交河。高昌则在十几年后成为西州都督府和北庭都护府属下"天山军"的驻地。盛唐时，朝廷采取了一系列安定西域的举措，使丝绸之路在汉代之后再次步入繁荣昌盛。而且，在唐军的沉重打击下，西突厥的势力被迫退出了西域，天山以北得以安宁，丝绸之路在原有的"南北道"之外，又诞生出一条草原之上的"新北道"。因此，丝路有了"北、中、南"三道。汉代的北道也就此变成了唐代的中道。

在西州都督府的治理下，高昌已然成为吐鲁番盆地政治、经济、文化的中心，不但是丝绸之路中道的门户重镇，更是中央统辖西域的一个桥头堡。中原居民的源源迁入，使得高昌的汉族人口比例日益增长，峰值时竟高达百分之七十。与此同生俱来，高昌的社会制度、道德礼仪、文化习俗等也日渐受中原汉族的影响、浸濡。此时，高昌、交河在丝路中道的作用，不仅仅是迎来送往，促进东西方商贾间的货物贸易，还兼收并蓄，推进了不同民族之间的文化交流。

如今，交河故城和高昌故城是西域大地上屈指可数的超大型城池遗址。以它们为圆心，辐射分布着众多的历史文化遗迹，有故城、佛寺、石窟、墓葬等。这些吐鲁番文明的遗珠，静栖于火焰山下的绿洲大地，悠悠回忆、悠悠述说着车师和高昌的如烟往事。

交河故城

交河故城是车师前国的都城，它的遗址位于吐鲁番市亚尔乡亚尔果勒村、亚尔乃孜沟河床中央的台地上。台地形如柳叶，南北狭长约1700米，东西最宽处约300米，总面积约500万平方米。

故城的历史文明延续了近2400年。它是世界上现存最大的生土掏挖式建筑群。生土掏挖，顾名思义，犹如在大地上进行篆刻，减地、留墙，再行加盖顶部。考古发现，在不同时代，夯土、版筑、土坯等方法在交

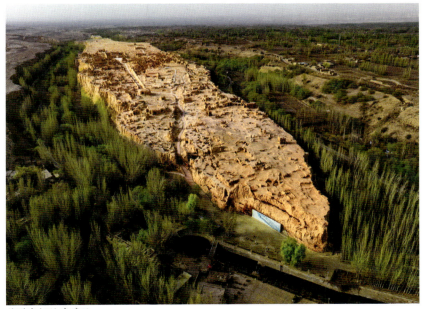

俯瞰交河故城遗址

河也都有融合使用。更特别的是，这座故城没有城墙。从河谷另一边的山坡上，能一眼望尽它纵横交错的街巷和星罗棋布的房屋。《汉书·西域传》描述："车师前国，王治交河城，河水分流绕城下，故号交河。"揭明了交河名称的由来——有河环绕城下，朴素而实在。

交河水颇深，其河床两侧的崖壁高达30米，俨然是交河城的天然屏障，使该城易守难攻。于是，交河被公认为"兵家必争"的军事要地。在汉代，它被视为吐鲁番盆地的交通枢纽，早期"银山道""白水涧道"等多条西域古道的重要关节，因而成了必须占据以保护丝绸之路的军事要地。唐朝时，也一度将西域最高军政机构——安西都护府安置在这里。唐时的交河，犹如西域军旅生活的一个符号，引发了文人墨客的丰富想象，为之心驰神往。"白日登山望烽火，黄昏饮马傍交河"（李颀《古从军行》）；"交河浮绝塞，弱水浸流沙"（骆宾王《晚度天山有怀京邑》）；两度从军出塞的岑参还曾亲历交河："曾到交河城，风土断人肠。塞驿远如点，边烽互相望。"这些脍炙人口的诗句，为交河镀上了

二号居民区东门旁边大道遗址

052

一层或神秘或苍凉的色彩。

◎中央大道

今天，进入交河故城的唯一通道是其南大门。这道门连接着一条中央主干道。大道基本呈南北走向，直抵城北的大型寺院区，长约350米，宽约10米，将故城辟为东、西两片区域。这座故城的道路交通及民居建筑很有特点：官署内有地道可直通中央干道；其他建筑在毗邻大路的一面均不设门窗；厚实的土墙将建筑群圈而固之，颇似中原的坊、区，若从民居出，只能通过小巷辗转到大路上。这些特点凸显了营造者对外军事防御与对内封闭管理的统治思维。

◎官署

官署在故城东区的中部，规模宏大，配有天井与庭院。其主体建筑面积达5000平方米，深入地下有3米。庭院内有楼道与地面互通，连

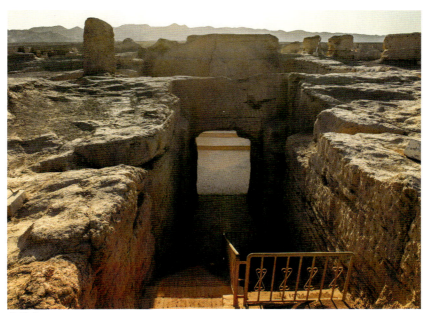

官署遗址

接 4 个窑洞居室。土墙上遗留有层层密布的梁柱孔洞，宣示着它曾是具有规模的多层建筑。相比之下，民居规模则小得多，较集中地坐落在故城西区及东区偏北部。

◎佛教遗址

佛教传入吐鲁番地区，应在于阗、龟兹之后，时间大约在公元 3 世纪。这里发现的与佛教相关的最早实物证据是在吐峪沟出土的《诸佛要集经》手抄本残页，它的年代在公元 296 年。稍晚，前秦道安法师在《摩诃钵罗若波罗密经》的抄序中写道：前秦建元十八年（公元 382 年），车师前王弥第与其国师鸠摩罗跋提曾经一同到长安觐见宣昭帝苻坚，并献上了胡文本的《大品般若经》。鸠摩罗跋提以高僧的身份担任车师前国的国师，这一事实足以表明佛教信仰在当时当地的崇高地位。现今交河故城内，仍有佛教遗址 50 多处。据考证，它们多是回鹘高昌佛教繁盛期的文化遗存。其中，最大的佛寺坐落在中央大道北端的大佛塔身后。位置紧靠民居区。它长 88 米，宽 59 米，呈南北长方形，主体面积逾 5000 平方米。主殿位居佛寺最深处，有一中心塔柱四面开龛，原本每面各应有六座小佛和一座大佛的座像。现在这 28 座泥塑佛像毁损殆尽，仅残存些许痕迹。

在大佛寺的西北和东北方向上，各有一小型佛寺，其中东北寺略大。从东北佛寺向北继续延伸，可达塔林。塔林，即"佛塔之林"，是城中僧人的灵塔。此建筑形制鲜见，是以 101 座佛塔矩阵排列而成的对称建筑群。塔林正中为一座金刚宝座大塔。对准大塔的四角，于东北、西北、东南、西南方向分列 25 座小塔，总面积约 7000 平方米。如此规模的佛塔集结，凝聚着交河人对佛祖的虔诚信仰。

交河台地的最西端有一个地下寺院。它应是一个寺院残存的地下建筑。现留有一个佛堂，以及僧房、小型壁龛，面积约 1500 平方米。

大佛寺遗址　　　　　　　　　　　二号居民区遗址

四面开龛的中心塔柱遗址

塔林遗址

地下寺院遗址

究竟去过交河故城拍摄了多少回，我自己都记不清了。但每每回忆起拍摄那幅令我难忘的作品时，当时的种种感受依然簇新、鲜活地在心头涌动。

那是 2005 年的某一天，为了能赶在日出前抵达预先设定的最佳取景地，我与新疆当地的友人一道，驾车穿梭于村庄里还沉浸在黑暗中的狭窄土路。车轮滚滚，车辙在地面延展，打破了村庄原有的寂静。与之相伴的，只有偶尔传来的清脆鸟鸣声。我们一路疾驰，向着山顶奔去，满心期待着捕捉到绝美的画面。

我心心念念的，是拍摄一幅远眺交河故城的全景图。我设想将机位精准地安置在交河故城的正面，以呈现出它高耸在台地上的雄伟气势，同时展现它与周边自然环境相互交融的独特景致。

果然，当我靠近崖边，一幅震撼人心的画面随即映入眼帘：亚尔乃孜沟被交河台地一分为二，沟内绿树成荫，葱郁繁茂，河水清澈见底，潺潺流淌。而此时的交河故城，在晨曦的照拂下，仿若一艘从火焰山方

远眺交河故城遗址

向缓缓驶来的巨舰，庞大巍峨却又分外宁静。

拍摄任务圆满完成，我却在原地伫立良久，不舍得离去。远远望着交河故城的那一刻，我仿若面对着一个刚刚曲终人散的盛大舞台，往昔的热闹喧哗似乎依旧氤氲在这片天空之下，挥之不去。如今，它已然在吐鲁番绿洲中的一个角落安静沉睡，可即便如此，它的存在，依旧是对丝绸之路那段辉煌历史最执着的坚守与纪念。

关于交河的另一次深刻记忆，是在2006年的春节前夕。当时我正紧锣密鼓地为即将启程的新疆拍摄之旅做最后的筹备。突然接到吐鲁番老友的电话，他兴奋地告诉我，根据当地的天气预报，吐鲁番即将迎来一场难得一见的大雪。"雪中交河"，这四个字如同一股电流，瞬间引爆了我心中的创作激情。我知道，对于一个摄影人而言，这是上天赐予的绝佳机会，毕竟，在吐鲁番那片土地，雪花总是匆匆过客，难以停留。我脑海中不禁浮现出交河故城在大雪覆盖下的模样，那绝美的画卷将会让我何等痴迷！考虑到雪花的短暂与脆弱，我当机立断，决定提前踏上旅程，生怕错过这份上天赐予的礼物。

第三天清晨，夜色消弭之时，我已经在吐鲁番文物局办公室工作人员小王的陪伴下，站在了交河故城的残垣断壁间。眼前的景象，超出了预期——厚厚的积雪覆盖了每一寸土地，将城池装扮得银装素裹。小王全名王建东，是我眼里年轻的"儿子娃娃"。在那次拍摄中，他承担起了向导和助理的角色，替我背着沉重的器材包，为我递来需要的镜头。故城十分寂静，只有我俩踏雪而行的脚步声，恍若令人心生温暖的背景音乐。面对这难得一遇的雪景，小王却始终紧锁眉头。他告诉我，当太阳升起，雪就会融化成水，必将渗透墙体，加剧、引发新的坍塌。我沉默良久，

与小王重遇

雪压交河

不知还能说些什么。或许这份无奈，唯有寄托在我们对西域共同的热爱里，转化为记录和保护历史遗珍的执着动力。王建东现已担任交河故城文管所所长多年。2024年，我再到交河故地，他仍然是全程随行陪伴。在洒满阳光的故城里，他侃侃介绍着这些年交河故城和雅尔湖石窟的文物保护成果。我看着步入中年的他，自信沉稳了许多，却还保持着一颗赤子之心，对文保工作满怀激情与热忱，一如初见时的那个新疆"儿子娃娃"。

高昌故城

　　高昌故城是迄今唯一保存了三重城郭和原有城墙的西域故城。故城平面的形状略显正方，面积近200万平方米。它的外周城墙长5000多米，墙基约厚11米，残墙最高处近12米。城墙四面开有城门，附有保存较好的墩台和马面。

　　自内而外的三重城墙将高昌故城分为可汗堡、内城、外城，其中内城的东、北两面城墙已经基本无存，推测是在唐代为战争损毁。唐贞观十四年（公元640年），唐太宗遣侯君集讨伐高昌，高昌王麹文泰盼盟友西突厥的支援未得，惊怖而卒。其子开城门出降。唐朝占取高昌。其

高昌故城外城北部的建筑遗址

后，朝廷对高昌城进行修复和扩建，在其外围夯筑了新的城垣。此举扩充了高昌的占地面积，也生成了外城的形制，奠定了如今这样一个"三重城郭"的城市格局。

高昌故城内的遗址和废墟，除去可汗堡和一些民居、古墓，最多的是散布于三重城郭内的大量宗教遗迹。其中以佛教寺院规模最大。佛教由西向东传播至吐鲁番盆地并深耕广布，一般认为在时间上高昌应当晚于于阗与龟兹。即使如此，在高昌故城出土的一些纸质文献中发现，在北朝时，高昌就已经拥有各种经、律、论等佛教典籍。20世纪初，德国探险家勒柯克曾在可汗堡内发掘出北凉承平三年（公元445年）的"沮渠安周造寺功德碑"。据此可以推测当时在城内已经出现了佛教寺庙。到了公元6世纪初，麹氏执政高昌国，一度臣属于尊奉佛教为国教的北魏，国王麹嘉的大力资助与推崇，使得佛教长足发展。

公元630年，玄奘西行取经，在抵达伊吾后得到高昌王麹文泰的盛情欢迎及邀请。他转道高昌讲经说法，停驻一月有余。最后在绝食明志后，才被国王放行。两人痴迷佛法的一段故事被传作历史佳话。麹文泰不但与玄奘法师结拜为兄弟，更是为他置备了"往返二十年所用之资"（出自《大唐西域记》）。玄奘与他约定，在东归之日再赴高昌相见。可惜玄奘完成取经东归至于阗时，得知了麹文泰的死讯，他绕过高昌这

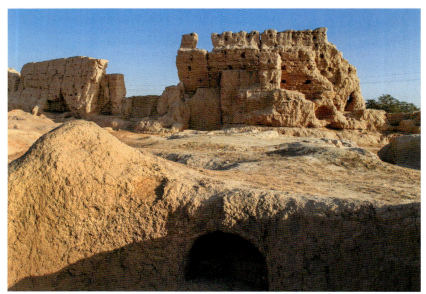

现存最高的外城墙

个伤心之地，取丝路南道归国。

　　安史之乱后，唐朝国力由盛转衰，其在西域的统治逐步瓦解。来自青藏高原的吐蕃趁势北上、逐步扩张，在切断中原与西域联系、长期占领河西走廊和陇右地区后，于公元790年与漠北的回鹘汗国激烈争夺北庭。最终，回鹘汗国战胜，将吐蕃势力驱逐出塔里木盆地北缘，并纳高昌、焉耆、龟兹、疏勒诸国于其统治之下。公元840年，回鹘汗国被北方属部黠戛斯颠覆，其部众西迁，在公元866年建立了一支新的政权——高昌回鹘。该国以高昌为都城，以北庭为其夏都。吐鲁番盆地开启了历时四百多年的回鹘王权时代。地区的宗教文化也因新民族的介入而呈现出多元性。回鹘人原本信仰摩尼教。这种宗教始见于公元3世纪波斯帝国治下的巴比伦地区（今伊拉克）。活跃在丝绸之路上的中亚粟特人对祆教、摩尼教等多种宗教的东传起到了推波助澜的作用。在吐鲁番的历史上，尤其在漠北回鹘到高昌回鹘时期，摩尼教始终是这个"宗教熔炉"的重要组成。

高昌故城城门外的景教遗址壁画（德国柏林亚洲艺术博物馆藏）

高昌故城 K 遗址的摩尼教人物头像壁画（德国柏林亚洲艺术博物馆藏）

回鹘人虽然为了政权的巩固逐渐改宗了佛教，但他们在宗教政策上展现出兼容并蓄的开放态度。除了回鹘原本信仰的摩尼教及当地土著信仰的萨满教，外来宗教信仰如佛教、拜火教、景教等，也都被允许自由传播，开枝散叶。

拜火教，又名"祆教"，是世界上最古老的宗教之一。它诞生于约公元前1000年波斯帝国的核心区域（今伊朗）。景教则出现在公元5世纪的拜占庭帝国辖域（今叙利亚）。这些宗教遥隔万里，却最终在吐鲁番盆地齐聚一堂。丝绸之路无疑为这灿烂的宗教艺术提供了传播的机会和孕育的可能。而佛教久经历练，作为吐鲁番盆地的主流信仰存续近十个世纪，拥有最漫长最旺盛的生命。所以，今天普遍认同的说法是，"高昌、于阗、龟兹并称为古代西域三大佛国"。其中高昌也是这三国中最晚被伊斯兰化的地方。

◎宫城

高昌故城内城最重要的建筑是其北部的宫城，也就是"可汗堡"。可汗堡平面呈长方形，东西长200米，南北宽300米。其内有一个标志性的高15米的夯土塔柱和一座约100平方米的地下庭院。和交河相似的是，在庭院里也有一条3米多宽的隧道与外部连通。作为王廷，它在北凉时期业已成形。

◎高昌大佛寺

高昌大佛寺居于高昌故城西南角的外城。平面长方，东西长约130米，南北宽约80米，占地面积约1.04万平方米。寺院中心为塔殿，右侧有一穹隆顶讲经堂，另外有30余间僧房遗址。此佛寺应建于回鹘时期。

可汗堡遗址

高昌西南大佛寺遗址

西南大佛寺讲经堂遗址

　　2006年秋，文物部门对高昌故城西南大佛寺进行大修缮。当时讲经堂已经修整完毕，重现一派恢宏气势。而距离它不远的中心佛殿外墙正搭着高高的脚手架，这令我喜出望外，因为此前我一直没能在高昌找到比较合适的至高点拍到令自己十分满意的作品。高昌的地势平坦是一

顺着脚手架往拍摄点攀爬

大主因，另一个则是建筑低矮疏松，没有错落感，容易使得取景平淡无奇。而这次我终于在机缘巧合下获得了由高处俯看高昌故城的机会，拍摄到了高昌故城西南大佛寺的一组作品。

吐峪沟和吐峪沟石窟

　　吐峪沟位于吐鲁番盆地东部、火焰山南麓的鄯善县境内。西南距离

火焰山下的吐峪沟村

高昌故城10公里，古代属高昌国辖域，这里有名闻遐迩的古老村落——吐峪沟村。吐峪沟村是姑师的发源地之一。沟内的佛教石窟是宗教文明流转于此的深刻印记，也构成了古村深厚的底蕴与魅力。

大约开凿于公元4世纪的吐峪沟石窟就坐落在村旁不远的峡谷之中，是吐鲁番地区已知最古老的佛教石窟。在石窟内曾发掘出《佛说菩萨经》，上有"大凉王沮渠安周所供养"的字样，这是沮渠王朝曾在高昌大力推行佛教的实证。事实上，沮渠家族在统治河西走廊时，已经在武威凿建了天梯山石窟，供养了西域名僧昙无忏。在地利、人和的推动之下，佛教在高昌快速站稳了脚跟。另一方面，吐鲁番地区统治的多番更替，导致了这里佛教艺术的丰富多彩及流动多变。在高昌出土的一些早期塑像和壁画中，我们可以找到犍陀罗艺术或龟兹艺术的显著特征（这应是在北凉之前）。而此后，高昌则更多地被反向回传的中原佛教艺术所影响。这种影响在唐代的西州时期最甚。此时的吐峪沟石窟，也

吐峪沟石窟

就是敦煌藏经洞出土的《西州图经》中提到的"丁谷寺"。书中对于"寺院"与沟谷的细致勾勒，充盈了意境之美——"岩峦纷纠，丛薄阡眠。既切烟云，亦亏星月。上则危峰迢滞，下则清流潺湲。实仙居之胜地，谅栖灵之秘域。见有名额，僧徒居焉。"吐峪沟石窟最为兴盛是在北凉至麹氏高昌时期。正如学者贾应逸所说的："吐峪沟石窟的这些壁画内容大都是根据4世纪至5世纪时我国翻译的佛经绘制的，其中又多为鸠摩罗什所译。"（贾应逸编著，《丝绸之路流散国宝：吐鲁番壁画》，山东美术出版社）到了回鹘高昌时期，虽然王室经营宗教的重心在距离高昌城更近的柏孜克里克石窟，吐峪沟石窟依旧被修复和沿用，直到公元14世纪伊斯兰教传入。

吐峪沟石窟现存洞窟94个，编号的有46个，分东、西两区。洞窟形制有纵券顶长方形窟、方形窟和中心柱窟。故事内容有千佛、因缘和本生故事、佛传图等，其中千佛图显示了地区大乘佛教的信仰，禅观图

的出现则表明禅修思想的
兴盛。吐鲁番盆地石窟的
汉文榜题屡见不鲜，在此
亦然。

第66号窟主室门道北侧壁面的天神壁画

　　走进吐峪沟的村庄，
时间似乎放慢了脚步。村
道上，一位背柴人缓缓走
来，步伐虽显沉重，但眼
神中却闪烁着淳朴快乐的
光芒。在村落一隅的房屋
里，维吾尔族祖孙俩正享
受着天伦之乐。老者的面
容慈祥而和蔼，眼中满是对孙子的喜欢与关爱；孩童则依偎在祖母的身
边，稚嫩的脸庞上洋溢着纯真的笑容。阳光透过窗户洒在他们身上……
门前的坎儿井潺潺流淌着，牛羊漫不经心地悠悠叫唤着，这里的生活简
朴，却充满了祥和。背景处，是恒久相伴的棕红的火焰山。自然的恩威
并施，考量着人们的忍耐与创造，一如曾经，"故事"永远都在西域大
地上演着。

砍柴的吐峪沟村民

祖孙乐

柏孜克里克石窟

柏孜克里克石窟位于吐鲁番市胜金乡的木头沟沟谷中，开凿年代不晚于公元6世纪的麹氏高昌时期。它是《西州图经》所提到的"宁戎窟寺"。如果把吐峪沟石窟和柏孜克里克石窟放在历史时间线上看，可以说这两者分别是高昌佛教两个兴盛期的代表，即北凉—麹氏时期与回鹘时期。

回鹘人在公元9世纪立国高昌，并由原先的摩尼教信仰向佛教信仰转变。柏孜克里克石窟，即是他们此间持续经营、全力打造的佛教信仰中心。在红黄炽烈的火焰山和披翠滴绿的木头沟之间，绵延166米的洞窟于半山崖上连成一线。这仿佛暗含了一半避世、一半入世的精妙创意，也塑造了将人的精神世界寄托于自然怀抱之中的天人相和理

柏孜克里克石窟全景

念。与龟兹石窟壁画一样，柏孜克里克石窟壁画独具民族特色。这里有被认为是拜火教殿堂建筑遗风的方形穹隆顶中堂带回廊式洞窟；更有大量的以大型立佛为中心，依据《佛本行经》绘制的"经变图"。回鹘佛教艺术的人物绘画，身形多硕壮饱满，面部则莹润精巧。对比典型的龟兹壁画的蓝、绿色调绘画，以柏孜克里克石窟为代表的高昌壁画色彩普遍采用红、棕、黄色等相近色系，画面醇厚瑰丽，富有盛大堂皇之美。今天，柏孜克里克石窟是世所公认的回鹘佛教艺术宝库，是西域佛教文明中璀璨的明珠。

柏孜克里克石窟现存洞窟83个，分为4区。洞窟形制主要有方形穹隆顶中堂带回廊式、中心柱式和方形纵券顶式。在柏孜克里克发现有摩尼教洞窟被重新铺面改绘成佛教洞窟的现象，这和回鹘人改变宗教信仰的史实相吻合。

木头沟河谷

第 18 号窟经变图局部

第 33 号窟礼佛童子

第 20 号窟回鹘高昌王及大臣供养像
（德国柏林亚洲艺术博物馆藏）

雅尔湖石窟

　　雅尔湖石窟位于吐鲁番市以西10公里的雅尔乃孜沟沟谷崖壁上，隔沟与交河故城相望，是交河故城整体建筑的组成部分。洞窟的开凿年代最早约在晋代，其分布为上下两层，现存编号洞窟15个。上层的第1号窟到第7号窟相对保存完好。雅尔湖石窟的窟内有许多的汉文、突厥文和回鹘文的题记，其中突厥文题记的出现引起了学界关注，它们揭示了历史上突厥语民族与佛教信仰的关联。另外，在第5号窟门道的东侧还有朱书汉文题记："乙丑年十月廿……到此西谷寺巩禅师记。"这是一位姓巩的禅师云游到此的记载。我们可以得知，雅尔湖石窟此时称为"西谷寺"，并具有禅修的功能。

　　第4号窟在回鹘高昌时期经历重绘，为长方形带有后室的纵券顶窟。主室深处的左右壁各有两个对称的小型禅室，窟顶绘有千佛座像及各附佛名的中文榜题，主室侧壁有大型说法图。佛身光、头光的几何形纹样

雅尔湖石窟

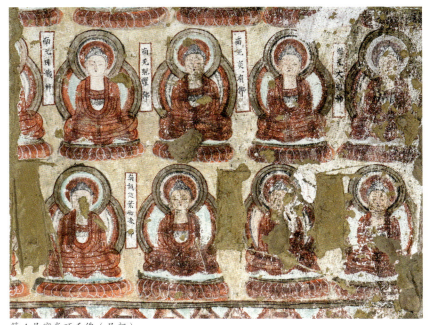

第 4 号窟券顶千佛（局部）

多姿多彩，引人入胜。后室侧壁绘有天人礼佛图和经变图，并有回鹘供养人像和回鹘文榜题。

经过雅尔乃孜沟村的时候，我在一片葡萄地的旁边看到几名维吾尔族妇女围着一个大馕坑在打馕。这一幕不禁让人联想到在西域大地上"馕"这种美食深厚的岁月积淀。不夸张地说，馕文化贯穿了西域乃至整个中、西亚的历史。在阿斯塔纳古墓出土过距今两千多年以前的随葬粮食。其中最重要的就是馕饼。而今天，在西域的不同地区拥有各种特色的馕，但都万变不离其宗，它们是起早贪黑的摄影人在路上必备的完美干粮。而行遍大疆南北，在拍摄完成后颇具仪式感地吃上一口刚从馕坑"捞"

葡萄地旁打馕的村民

上来的热乎乎的馕饼，简直是身心灵的三重安慰剂。

　　此刻眼前是村口公共的馕坑，是邻里们共同烘烤美食的其乐融融的景象。妇女们边打馕边聊天，儿童环绕在身旁，欢声笑语与顽皮跌撞交织在一起，构成了一幅饶有趣味的日常烟火图景。在沙土的大地上，这勃勃的生机仿佛穿越了时空，与不远处的雅尔湖石窟形成了古今交融的奇妙对视。我忍不住将镜头对准了她们……

胜金口石窟

　　胜金口石窟地处吐鲁番市胜金乡木日吐克村，木头沟沟口东岸。它是胜金口佛教遗址群的重要组成部分。约建于唐西州时期，沿用至高昌回鹘后期。该遗址群散布于火焰山山南的崖壁上，除石窟外，另有八处寺院遗址和一座烽燧。胜金口石窟由南、北两部分组成。南窟是一座中

胜金口石窟南窟

第 5 号窟生命树壁画

轴对称的三层建筑，留存了 3 个洞窟。南北窟之间是僧房区，拥有房屋26 间。北窟三层，洞窟 9 座，其中第 5 号窟窟内有墨书的汉文榜题。侧壁开有 6 个小禅室。在绘有宝相花、卷草纹的纵券窟顶下，壁绘一幅"生命之树"——两树同株，紧紧相绕，然而一株生，一株死。这无疑是摩尼教信仰的表达，即光明和黑暗的对立与统一，也寓意生死的循环与平衡。

拜西哈尔石窟

拜西哈尔石窟在胜金乡木日吐克村、火焰山北坡的山沟内，与一座小型的寺庙隔沟而对。现存洞窟有 10 个，第 2—6 号窟为一组完整的五佛堂窟。第 3 号窟有《维摩诘经变图》，石窟壁画多为回鹘风格。推测石窟年代较晚，约为公元 10—12 世纪。

拜西哈尔石窟

第4号窟（方形券顶窟）

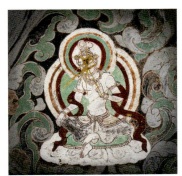

第3号窟券顶菩萨像

七康湖石窟

　　七康湖石窟位于吐鲁番市胜金乡排孜阿瓦提村西南6公里，火焰山北坡的冲击山沟内。东北相距柏孜克里克石窟约4公里。成窟年代不晚于公元6世纪，约延续至公元11世纪。遗址以沟为界，分南区和北区。南区现存7个洞窟和3座佛塔；北区存有3个洞窟和1座佛塔，佛塔位

七康湖石窟南区　　　　　　　七康湖石窟北区

第 4 号窟甬道券顶平棋图案

于窟上方的山顶平台上。南区由东向西排列着 1—7 号洞窟，壁画遗存较为集中。洞窟形制为中心柱窟和纵券顶长方形窟。

台藏塔

台藏塔距离高昌故城约 1 公里，它是一座三阶佛塔，高约 20 米，平面呈"回"字形，中心有内殿。这种形制与北庭西大寺相似。据推测，

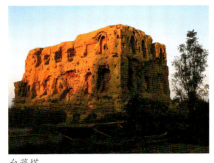
台藏塔

2006年乡民的住所

它的始建年代在公元6—7世纪的麴氏高昌时期。内殿曾有大佛，毁于20世纪初。

　　我初到台藏塔是在2006年，它坐落在台藏乡的村庄里。乡民的房舍与晾房紧邻其台基，周围尚有农田、羊圈，树木茂盛。我爬上乡民的屋顶，靠近了台藏塔的二层塔阶，清晰观察到墙体密集的佛龛和柱孔。这消失的恢宏已然淹没在忙忙碌碌的生活中，也许鲜少有人会再对它投去虔诚敬仰的眼神，仿佛它只是乡民挡风遮荫的高大土墩，旅途中倦鸟临时的栖息地。2008—2009年，文物部门迁走了乡民，重新修缮和保护了台藏塔。斗转星移，风吹沙蚀，古老的佛塔虽已残破，却化为佛教艺术的符号，成为西域历史的重要组成部分。

连木沁烽燧

　　连木沁烽燧位于吐鲁番市鄯善县连木沁乡巴扎村东南约1.3公里处，它是唐代夯土与土坯相结合的建筑。基座为方形，墙体呈现下大上小的梯形，残高9.5米。南侧有一个土坯的平台，南北约长6.1米，东西约宽7.8米，高约1.6米。烽燧的西壁和东壁各有一道圆豁口，直径约为0.8米。沿着这道豁口可以从地面攀登至建筑顶部。顶部仍留存小房间的残迹。

连木沁烽燧   接近顶部的拱顶屋室

据估计在其上还有拱顶式建筑，建筑原高度应该比现状要高得多。连木沁烽燧的建筑形式与二塘沟烽燧有颇多相似之处。

二塘沟烽燧

二塘沟烽燧位于鄯善县连木沁镇连木沁巴扎村西北约 5 公里处。烽燧始建于唐朝，是一座梯形柱状土坯建筑，残高约 13.5 米。二塘沟烽燧与连木沁烽燧都在今天的 312 国道沿线，相距约 1 小时的车程。国道的另一头连接着上海。

二塘沟烽燧

阿斯塔纳古墓

阿斯塔纳古墓集中在吐鲁番市东南约 40 公里，二堡乡和三堡乡的戈壁荒漠中。它是以高昌城为中心而定居的古代先民的安葬地，可以视作高昌城的公共墓地。至今已出土墓葬 400 多座，其时代可分为三期：第一期为公元 3—5 世纪末（晋至十六国时期）墓葬；第二期为公元 6 世纪初—7 世纪中（麹氏高昌时期）墓葬；第三期为公元 7 世纪中—8 世纪中（唐西州时期）墓葬。这里的墓葬形制基本是斜坡道洞墓，由斜坡通道和墓室组成。最长的斜坡道超过 10 米。在很多的墓道侧面，被发现有砖制的墓志铭。它们把墓主人的身份信息记录和保留了下来。从阿斯塔纳古墓出土的文物达数万件之多，堪称吐鲁番的地下博物馆。其中有印花和刺绣织品、古币、墓俑、汉文文书、粟特文书和契约、木器、陶器、壁绘等。

阿斯塔纳斜坡道洞室墓

其中就有举世闻名的"伏羲女娲绢画"。它出自 76 号墓，画面高 184 厘米，上宽 85 厘米，下宽 75 厘米。在画中，伏羲和女娲这两位华夏始祖神分别手执规和矩，象征天圆地方、秩序和谐。同时互挽对方肩膀，下半身化作蛇身，呈螺旋般紧紧盘绕，以示阴阳相合，生生不息。因为这一造

彩绘伏羲女娲绢画（新疆维吾尔自治区博物馆藏）

墓室画鸳鸯野鸭图

鸟龙卷草纹刺绣（新疆维吾尔自治区博物馆藏）

型与DNA双螺旋结构高度相似，从而引发学界联想猜测，探讨古代文明与现代科学之间的联系。在他俩周围绘有星象图，头顶为日，脚下为月，这无疑是古人宇宙观的体现。

阿斯塔纳墓中还有一个现象，就是屏风画的流行。在215号唐代墓葬里，有一幅"鸳鸯野鸭图"。它绘于墓室后壁，长3.75米，高1.45米。模仿现实生活中的六曲屏风，以六幅分隔的画面绘出鸟禽与花草，远景饰以山峦、流云、飞燕，形态栩栩，色彩鲜艳。

在382号墓出土的"鸟龙卷草纹刺绣"，长34厘米，宽23厘米。绢品中央有一双头鸟，称"共命鸟"。该形象源自佛教经典《佛说阿弥陀经》，象征着"同体共生"的哲学意涵。共命鸟头顶有五座倒立山峰，四周则是游龙、飞鸟、花草环绕，布局呈现疏密有度、层次丰富的整体对称性。其应用的"锁针法"，是一种古老的中原刺绣技艺，揭示了中原文化与印度佛教元素的深度融合。

洋海古墓

洋海古墓散布在火焰山山前广袤的戈壁上，行政上属于吐峪沟乡洋海夏村。它的总面积达到5.4万平方米。墓葬群分布于3块独立的台地，合计近3000座。这些墓葬，大多属青铜时代晚期到铁器时代早期，只有少量的属于西汉至唐代墓。

洋海古墓

洋海古墓在地面上没有突
出的标记物，均为地下墓坑。
临近夕阳西下，尤显得荒芜空
寂，使得人内心森然，脚下警
惕。在这里出土的文物数量庞
大，可说是令人叹为观止。例
如源于波斯的竖箜篌、融合了
东西方技艺与纹样的织物等。
这是早期亚欧大陆民族迁移与
交流存在的证明。另外，遗址
内还发掘出两座萨满巫师墓，
是重要的吐鲁番先民萨满教信
仰遗存。

洋海古墓出土的彩陶瓶（新疆维吾尔自治区博物
馆藏）

坎儿井

　　"迁出天山水，滋润万顷田"说的正是吐鲁番人民的智慧结晶——坎儿井。天山融雪在吐鲁番盆地受到火焰山的阻挡，渗入戈壁变为潜流，日积月累，使地面以下含水层不断加厚，储水量增大。人们根据地势落差，挖竖井打通地下潜流层，使水流顺暗渠流下来，这就是坎儿井。坎儿井由竖井、暗渠、明渠和涝坝四部分组成。吐鲁番盆地纵横交错着1100条坎儿井，全长5000公里，与万里长城、京杭大运河并称为中国古代三大工程，这是古代吐鲁番人民的伟大创造。

　　坎儿井和吐鲁番人在盆地生存延续息息相关。如今工业发展，机井大量出现，在用水更便捷的同时，也使得地下水位明显下降，许多坎儿井正面临着干涸的威胁。

丰草荡漾的明渠

暗随坎儿到天涯（暗渠）

三、罗布泊：沧海之殇，文明宝藏

罗布泊位于塔里木盆地东部，塔克拉玛干沙漠的最东缘。其核心干涸湖盆面积 3000 多平方公里。此地降水稀少（年均不足 20 毫米），蒸发量巨大（超 3000 毫米），是世所罕见的干旱地区。另外，超长的日照造成了其年积温约 4500 摄氏度。在夏季极端炎热的 7 月、8 月，这里的昼夜温差近 40 摄氏度。同时，它又是个强风颇多的地带。干燥的大风与尘土、沙砾相互裹挟，形成沙尘暴，经年累月地磨砺着地表的一切。甚至处在该地区下风向的若羌、且末等地，也受到恶劣气候的波及，每年要经历浮尘天气。

罗布泊，汉代时被叫作蒲昌海，历代文献对它亦有渤泽、盐泽、洞海、牢兰海等不同称谓。元代以后，又有蒙古语名"罗布淖尔"。《汉书·西域传》中记载，"蒲昌海，一名盐泽者也，去玉门、阳关三百余里，广袤三百里，其水亭居，冬夏不增减……"《水经注》对它也有描述："东望渤泽……广轮四百里，其水澄渟，冬夏不减，其中洞渊电转，为隐沦之脉。"我们可以惊奇地发现，罗布泊在漫长的历史时期内，曾经是水源丰沛、草木兴盛的绿洲洼地。20世纪30年代，斯文·赫定来到罗布泊"考察"，还留下了泛舟于湖上的影像资料。而我国著名的考古学者黄文弼在罗布泊考古日志上也曾留下这样的语句"余住处至城边，均为溢水所浸灌"。凡此种种，不一而足。

事实上罗布泊曾经是我国第二大咸水湖。从《汉书》的"广袤三百里"，到清末《辛卯侍行记》的"东西长八九十里，南北宽二三里或一二里不等"，再到20世纪50年代的2000多平方公里水域，它展现了时而丰沛、时而枯竭的奇特现象。尽管有诸如"盈亏湖""游移湖"及"气候变干论"等多种理论试图解释其成因，但是任何单一的解释都不能全面揭开谜团。其根本原因在于两条重要的河流——塔里木河和孔雀河能否相互协作，将生命的源泉送抵罗布泊。然而，塔里木河一如它的名字般信马由缰，其河道的频繁变动常常使得孔雀河下游得不到水源补给。孔雀河是罗布泊主要的水源输入，孔雀河丰沛，则罗布泊湖面广阔，波光粼粼；孔雀河匮乏，则罗布泊湖面干涸，走向荒芜。

孔雀河在罗布泊的断流处

罗布泊大地

广袤无垠的盐碱地

在 20 世纪 60 年代，尉犁县在塔里木河流域筑起了水坝以灌溉农田，这一举措彻底隔绝了塔里木河与孔雀河之间的自然联系。与此同时，焉耆盆地的开发活动进一步加剧了孔雀河下游水量的急剧减少。孔雀河的末端被命名为库鲁克河，维吾尔语意为"干河"，恰如其分地预示了它的命运。

另一方面，为了促进上游绿洲农业的发展，兴建了大西海子水库。然而，这一工程却无情截断了塔里木河下游的水源。受此影响，罗布泊地区的南路水系，包括台特马湖与喀拉和顺湖，也相继步入了干涸的境地。罗布泊，这一曾经的盐湖明珠，终于走向了彻底干涸的命运。

今时今日，罗布泊已褪去生机，它以一种近乎冷酷的姿态，与生命诀别。然而，在这看似死寂的河床之下，却奇迹般地蕴藏着全球罕见的超大型钾盐矿床。这一矿床最深处可达 140 米，且层层叠叠，含有多达七层的矿脉。这些矿脉，宣示了罗布泊是个暂时沉睡的宝藏。

除了自然的奥秘，罗布泊对中华文明的深切意义，还隐藏在它数千年的风霜历史里。汉代，丝绸之路南道穿过这里，车马、旅人川流不息；唐代，无数商贾抵达这里，休息、补给，继续整装前行……这里见证了楼兰古国的传奇；成就了楼兰、营盘、米兰等城镇的繁荣；还吸引了东西方各路探险家络绎造访。意大利商人马可·波罗、俄国探险家普尔热瓦尔斯基、瑞典地理学家斯文·赫定、美国人亨廷顿、英国人斯坦因、日本人橘瑞超、法国人邦瓦洛等，都考察过罗布泊。罗布泊之所以令中外学者心驰神往，因为它有太多的故事等待被发掘，有太多的奥秘等待被探究……

楼兰古国尚依稀

在距今 2000 多年的罗布泊地区有一个王国即楼兰国。楼兰故城是楼兰国昔日的都城。考古学家王炳华先生说："楼兰，曾有人评价，在公元初始的几个世纪中，它是一座'紧张的世界史纪念碑'。涉及欧、亚旧大陆历史命运的许多重大事件，曾经在这里展开。楼兰城内外，匈奴、汉帝国的征骑，东来西往的客使、商旅，不绝于途。……汉使王恢曾经在楼兰城下受辱；汉将赵破奴曾以七百骑兵，孤军深入，勇掳楼兰王；傅介子刺杀了'遮杀汉使'的楼兰王安归；李柏运筹帷幄，谋攻赵贞，夺取吐鲁番盆地，……而晋朝以后，楼兰却再不见于文献记录，似乎永远消失在历史的太空之中。……"（《新疆访古散记》王炳华著，中华书局出版，第 32 页）

早在西汉之初，楼兰古国即是西域交通的关键节点，是一条至关重

楼兰国昔日的都城遗址

要的通道终端。通道的另一端是赫赫有名的敦煌。后人为了突出楼兰在这一交通要道中的显赫地位，将该道路命名"楼兰道"。

当商旅历经千辛万苦，终于踏上楼兰的土地时，他们将会发现，这里不仅是上一旅程的终点，更是新旅程的起点。因为从楼兰出发，取道或南或北，皆可到达塔里木盆地的广袤腹地。从这个意义上说，楼兰道无疑是丝绸之路的滥觞之一。据《汉书·西域传》："楼兰国最在东垂，近汉，当白龙堆，乏水草，常主发导，负水担粮，送迎汉使。"随着西汉王朝的日益强大与丝绸之路的日益发展，楼兰道日渐融入丝绸之路，并持续发挥着重要作用。

公元前 77 年，西汉将领傅介子衔命出使楼兰，成功斩杀了暗倾匈奴的楼兰王安归。汉朝将楼兰王弟尉屠耆扶为新王。楼兰从此更名为鄯善国，都城南迁至抒泥（今天的若羌地区）。《汉书·西域传》记载云："鄯善国，本名楼兰，王治抒泥城，去阳关千六百里，去长安六千一百

里……"

楼兰的归顺，使得汉朝的军事政治力量进一步渗透到整个塔里木盆地。都城的南迁，提升了阿尔金山北麓的地缘优势。而作为故国旧都的楼兰城——罗布泊地区曾经的政治、经济、文化中心，则降格为鄯善国的一个重要城市，但依旧是丝路南道的重镇，且影响力持续百年。

在《水经注》里，我们可以看到汉军在楼兰屯田戍边的有关记载："将敦煌兵千人，至楼兰屯田，起白屋，召鄯善、焉耆、龟兹三国兵各千，横断注滨河……大田三年，积粟百万，威服外国。"魏晋时期的西域长史府也驻设在楼兰，它是对西域诸国行使中央管理权的机构，负责颁发印信及管理册封，兼顾屯田戍边。《魏略·西戎传》还记载："从玉门关西出，发都护井，回三陇沙北头，经居卢仓，从沙西井转西北，过龙堆，到故楼兰，转西诣龟兹，至葱岭，为中道。"这说明，在公元3世纪中叶，丝绸之路仍然途经楼兰城。然而到公元542年，一个名叫鄯米的头人带领着最后一批楼兰人离开了鄯善，向东迁往伊吾，鄯善国就此消失在历史中。我们猜测，在此之前，位于罗布泊腹地的楼兰城可能已经"寿终正寝"了。公元644年，玄奘东归途经此处，已称其为"纳缚波故国"。楼兰之大名，呜呼不复！

楼兰故城

楼兰故城位于新疆维吾尔自治区巴音郭楞蒙古自治州若羌县境内，在罗布泊的西北角，孔雀河故道南岸16公里处。东距罗布泊北岸28公里。故城遗址大致呈方形，面积逾10万平方米，城垣为夯土建筑。东垣长333.5米、南垣长329米，西、北垣各长327米。城垣残高1—6米，宽2.5—8.5米。南北城垣中部有缺口，似为城门遗迹。城内建筑由对穿故城的孔雀河古河道分隔为两区：东北区以佛塔为标志，主要有寺院遗址；西南区以官署"三间房"为中心，分布着若干民居遗址。由于千百年来劲风侵蚀，故城内地表被风力下切3—6米不等，形成了许多的沟壑凹地。城垣大部分无存，房顶全无，建筑墙体、墙基毁损严重。

1900年，瑞典地理学家斯文·赫定为了探查罗布淖尔湖的确切位置，自孔雀河下游斜向东南，进入罗布泊。几日后不慎遗失挖水的铁锹。

楼兰故城遗址

楼兰故城西墙残断遗址

随行的维吾尔向导奥尔德克在奉命返回寻找铁锹的途中，带回了一块雕花木件，就此消失了一千五百多年的楼兰再现踪迹。

第二年冬季，斯文·赫定终于如愿站在了楼兰故城的遗址上。他的发现，轰动了欧洲考古界，也掀起了楼兰探险的"热潮"。1906年和1914年，斯坦因紧随其后，两次发掘楼兰故城，其涉足遗址之多，发掘面之广，获得文物之丰富，同一历史时段的其他西方学者无可比肩。

除斯文·赫定和斯坦因外，美国地质学家亨廷顿、日本僧人橘瑞超也都考察过楼兰故城，并各有重大发现。在这些探险家的"丰功伟绩"的光环下，是遭受破坏性发掘的故城遗迹。他们倡导有偿寻宝，广泛搜集文物，掀起了经久不息的农民掘宝热潮，蔓延至整个塔里木盆地地区，导致我国遭受了不可估量的文物流失。

1979年，新中国成立的第一支考察队——新疆社会科学院考古所三次进入楼兰故城，考察并重新核校楼兰故城的位置。1988年，在新疆维吾尔自治区文化厅文物普查队考察之后，楼兰故城被列为全国重点文物保护单位，并竖立石碑。

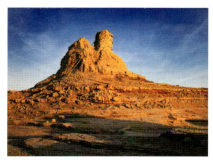
楼兰佛塔遗址

佛塔周围散落许多粗大木料

◎楼兰佛塔

故城东北部是楼兰佛塔的所在，它与"三间房"构成了楼兰的象征。

佛塔为土坯建筑，总高 10.5 米，方形基座，边长约 12 米。基座上方为圆形塔身。佛塔周围散落有许多粗大木料，其中有数十根木料长达4.65—5.3 米，厚度 0.2 米，这些木料都经过精细加工，凿有排列有序的榫孔，在此还曾发现装饰木柱、雕花木板及木雕佛像等。

东晋法显在《佛国记》中描写过楼兰（鄯善）："其地崎岖薄瘠，俗人衣服粗与汉地同，但以毡褐为异。其国王奉法，可有四千余僧，悉小乘学。"据历史文献记载，这个时期鄯善国大约有 8000 户人家，出家僧人竟然达到 4000 余人，可见佛教曾在此极度盛行，有国教的地位。

佛塔东南残存一片大型建筑遗址，与塔基平面连接。地表散见方形、圆形等木制建筑材料，这应该是与佛塔相关的寺院遗址，在此曾出土过佛教遗物。

◎楼兰"三间房"

"三间房"，被认为是魏晋时期西域长史府的治所。顾名思义，"三间房"是由三间并排的房间构成的一体建筑，它是楼兰城内留存最好的建筑。

"三间房"坐北朝南，面向南城门。面积约 60 平方米，残高 3.2 米，

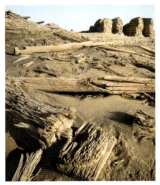

三间房前的阴阳榫头　　　　　　　　与王炳华老师在三间房前合影（2005年10月）

墙体厚70—90厘米不等。周围散布着建筑木料，其中最长一根长达6.4米。曾在此区域发现魏晋时期汉文文书简牍四五百件，佉卢文木牍一百多件，以及丝织品等。文书内容涉及法律、税收与佛教文献，年代最晚至北凉时期。可以说，三间房遗址是楼兰文物的宝库。它或许是昔日官员运筹帷幄的办公之所，抑或是重要文书的收藏之地。

2005年秋，我和冯其庸先生、王炳华教授再探楼兰。我耳濡目染他们的专业精神和渊博知识，获益良多。休憩时我们就地坐在三间房前。王炳华教授轻轻掀起身旁的胡杨木桩，霎时将一对阴阳榫卯展现在我面前。我下意识地伸手抚摸它们，真切感受到考古的魅力。即使木头已经皲裂得不成样子，榫头和卯眼却无比清晰、生动。那一刻，匠人粗粝的双手跃然眼前，我又听见了三间房的"呼吸"。

◎楼兰居宅遗址

楼兰故城的居宅遗址主要聚集于城西南部。房屋的营筑方法与"尼雅""安迪尔"颇为相似。它们都采用了中亚干旱地区常见的构筑法，类似于克里雅人传统的笆子房。这里，成片残存的遗迹为院落式、单间或多间排列式的木构建筑，开间面积多在10平方米左右。

贵族住宅区遗址　　　　贵族住宅倒塌的粗大木构件　　西南部平民居住区遗址

　　2004年、2005年，我两次进入罗布泊拍摄楼兰故城。入夜，天穹渺然，星辰浩瀚。日出，光影投射在古代文明的破碎摇篮之上，寂静化万物为虚无。

　　岁月流逝，已经过去多年，每每回忆楼兰，最触动内心的，依然是看到它的第一眼。记得2004年的春节是我第一次进入罗布泊。我先前已经了解到，在接近楼兰的地方，会有一段极为崎岖，人称"楼兰十八里路"的险阻。然而当我们的越野车来到这里，才真的体会到这十八里路的威慑与恐怖。这里布满了深深的沙窝和高高的土包，即风蚀沟壑。越野车不断陷入沙窝，我们就反复下车，又是刨又是推。刚出沙窝，又得翻过土包。翻过土包，下面又是沙窝……大自然如此的"设计"几乎是对现代交通工具的戏谑与嘲讽，是对人精神意志力的无情打击。为我们开车的年轻司机哪里见过这样的阵仗，终于没有忍住，放声哭了出来。哭归哭，此刻已经没有退路。而我内心愈发坚定，"十八里路"是最后的考验，它对所有向往楼兰的人都是公平的。冲过去，就是楼兰故城的所在了。随着我们继续迂回行进，地形稍显平缓。但此时，我们的两辆越野车却"分道"而驰了。每个人心里那根弦又被拉紧了。好在向导十分确信，我们已经突破"十八里路"，楼兰就在眼前了。

　　果然，就在某一瞬间，随着车头调转，我清晰地辨认出了不远处的楼兰佛塔。同车人一齐惊呼，是劫后余生还是梦想成真？也许兼而有之。再

在距楼兰故城9公里路段的艰险路途

一抬头，天空已微泛橙光。经验告诉我，不久将有令人惊艳的余晖。未及思索，我套上一台数码相机，叫其余人随车，独自奔跑向前，要赶上这一次"先机"。回想起来觉得好笑，笑自己是一个不知死活的愣头青，冲动中竟然忘记了，直线距离在罗布泊"仅供参考"。我只得追寻着佛塔的身影，徒步在沟壑间攀爬跨越。虽然步履急躁，可是进度却慢得难以置信。余晖如期而至，又转瞬即逝。我最终还是没能赶上。来不及懊恼，我不停吹口哨，向同伴传递行踪的信息，拼劲最后的力气，在天黑之前抵达了佛塔脚下。两辆越野车已停在那儿。这就是我初抵楼兰的景象，狼狈，却热血沸腾。当晚我们在佛塔不远处支起简陋的帐篷，点燃火堆。又发现车上的羊肉已经被因颠簸洒下了的备用汽油泼了个透，真是可惜啊。眼下只能用仅存的几只鸡来果腹了。我们手忙脚乱地架起锅灶，此时头顶上已展现出从未见过的繁星穹隆。

曾有人问我：作为一个摄影者，总是在第一时间忙碌着取景，还能不能好好看"风景"？拍摄了那么多的照片，转身离开后，心里又留下了什么？我想，如果把看风景的"看"由感官层面推及至感受的层面，相机镜头无疑在我和被摄对象之间架起了沟通的纽带。而照片背后是我收获的无数次创作时的内心悸动，以及忘我追寻的经历。虽然我的镜头呈现了许多关于楼兰的画面，但是最美的楼兰却存留于我的脑海，是初见它的那个夕阳西下的傍晚，那个梦中的楼兰。

第二次进入楼兰，是受冯其庸老师推荐，随央视"玄奘之路"摄制组同行。冯老也酷爱摄影。他做学问，推崇的是"读万卷书，行万里路"，这对我影响至深。在楼兰故城的残垣间，冯老常常关切地询问我的拍摄情况。一天中午，他来到我的帐篷，见我正更换胶片，便静静地坐在一旁。只见他拿起一个胶片盒盖，仔细端详了一会儿，提笔即兴写下一首诗作：楼兰故国尚依稀，杖策东归雪满衣。万死艰难逾大漠，热风吹送一僧归。

与冯其庸老师在楼兰故城（2005年10月）　　　　冯其庸老师在胶片盒上题写的诗句

米兰遗址

公元前77年，汉朝将楼兰迁国鄯善。册封的新王尉屠耆向汉朝天子上书："身在汉久，今归，单弱，而前王有子在，恐为所杀。国中有伊循城，其地肥美，愿汉遣一将屯田积谷，令臣得依其威重。"（《汉书·西域传》）可以看出王朝在建立之初，新王地位尚未稳固，极其担忧谋反与颠覆。很快，新王的请愿得到了回应。汉朝遣司马1人、吏士40人，在伊循城建立了西域最早的将兵屯田之地——伊循，即今天米兰遗址的所在。

伊循屯田，打通了丝路南道的关节，直接促成了西域都护府的建立。伊循城从一个为安抚新王所设的戍边小镇，跃升为汉朝政治军事的重镇。在都尉屯田时期，该城的权责进一步扩大。它屯田积谷、统领驻军，防备内乱、抵御匈奴，其政令甚至可以约束鄯善王，对其政权行使监督和管控。原伊循屯城、今米兰遗址的最主要建筑，有米兰戍堡、米兰佛教遗址等。

◎米兰戍堡

1906—1907年，斯坦因到达米兰地区，把发掘过程中的遗址资料

米兰戍堡遗址

东城墙马面墙体与角楼遗址

南城墙中央的棱堡遗址

南城墙顶部墙体结构

以M领头，一一编录。米兰戍堡编号为M.I遗址。它位于若羌县中部、阿尔金山北麓山前冲积扇的米兰绿洲边缘地带。往东南方向1.8公里处为米兰河，也就是《水经注》里提到的注滨河。河流出口处地势平坦，当年引水浇灌的优势显而易见。戍堡平面呈不规则四边形。城墙多已坍塌残缺，东、北墙局部保存稍好。东墙与北墙稍长，约70米。墙体为夯筑，土坯夹红柳枝或垛泥夹红柳枝筑就。四角均有外突的角楼建筑遗迹，四墙外有马面6个。

在戍堡南墙的中段有一外突的高大棱堡，此建筑占据戍堡最高点，平面U形，高12.5米。顶部平坦，南北长20米，东西宽12米，墙体厚度1米，高1.5—1.8米。

戍堡建于唐代，曾在夯墙中发掘出土汉代筒瓦残片。可以推测，这座戍堡是在汉代遗址上扩建重修的。斯坦因曾在这里发掘了1000多件吐蕃文书、1件突厥语文书。从城内建筑残迹来看，其结构与技术显示出自两个不同时期。古戍堡的最终改建可能在公元8世纪吐蕃入侵西域，盘踞塔里木盆地的年代，所以也有人称它为"吐蕃戍堡"。

◎米兰佛教建筑遗址

除此之外，围绕着戍堡的东北方和西方，散布着14处大小不等的寺院、佛塔遗迹。它们建造于汉唐，是伊循城、鄯善国佛教信仰的遗存。法显在《佛国记》着笔于此："得至鄯善国，其地崎岖薄瘠。俗人衣服粗与汉地同，但以毡褐为异。其国王奉法，可有四千余僧，悉小乘学。诸国俗人及沙门尽行天竺法，但有精粗。从此西行所经诸国类皆如是，唯国国胡语不同。然出家人皆习天竺书、天竺语。"早期的米兰佛寺建筑及壁画艺术具有鲜明的犍陀罗风，内容以小乘佛教的佛传故事为主；寺院布局前塔后殿，以佛塔为礼拜中心。后期壁画出现大乘菩萨像，应是受到于阗大乘佛教东进的影响。

斯坦因编号M.III的佛塔是米兰遗址的标志性建筑。佛塔位于一近方形的土坯围墙建筑当中，由于风蚀坍塌，目前方形建筑外廓已成圆形。佛塔塔身圆柱形，直径2.4米，高2.85米，顶部呈穹隆形。塔身下有圆形回廊，宽仅可容纳一人，供朝拜之用。在该回廊的底部以及另一编号为M.V的佛寺中，斯坦因发现并带走了举世闻名的"带翼童子"壁画像。

米兰西南佛寺M.X遗址

M.III 佛塔遗址

M.II 佛寺遗址

这幅画在学术界引起经久不息的争论，一说这是佛教极乐净土之鸟"迦陵频伽"；一说是古希腊神话中的"爱神"或"天使"。它的神秘和魅力回响至今。

戍堡东北部的 M.II 佛寺，最西侧的高大建筑为佛塔。斯坦因曾在佛寺遗址的东北围廊中发掘出大型佛头及坐佛、卧佛雕塑。佛塔的塔基四周有浮雕立柱装饰，斯坦因认为它们具有印度和波斯风格。这座寺院在发掘过程中多次令斯坦因联想到他在和田地区发掘的热瓦克佛寺。

公元 518 年，西行求法的宋云等人行至鄯善，他在《宋云行记》中没有提及鄯善有佛教僧人。这可能表明，米兰佛寺最后废弃的时间是在 5 世纪末到 6 世纪初。

LE 故城

LE 故城在楼兰故城东北约 24 公里处。斯坦因于 1914 年在此调查发掘，并将其编号为 LE。这是一座与楼兰一样重要的丝路城邑。故城近方形，东西城垣长约 122 米，南北长约 137 米，城墙周长约 530 米。南、北城垣中部开城门。城墙坚固，下层为夯筑，基宽 3.5 米，现有高度约 2 米；上层以红柳等柴草棍拌泥分层交替垒砌而成，现存 7—8 层，高 1.7—1.8 米。结合碳十四鉴定推断，LE 故城下层墙体应为西汉所建，

LE 故城西墙遗址

南墙中部城门遗址

上部墙体为魏晋时期增筑。

汉朝兵破车师后，进一步加强对罗布泊地区的控制。当时伊吾仍为匈奴所据。吐鲁番盆地自然不能高枕无忧。汉朝因此建造了 LE 城，并将在伊循的都尉治所迁至 LE。都尉治于 LE 城，楼兰道又多了一层重要保障。另一方面，由于 LE 城可管控楼兰与车师之间的交通，所以此举也出于联通两地以共同抗击匈奴的军事谋划。

楼兰贵族墓

楼兰墓葬分布在南北约 30 公里、东西约 26 公里的范围内，面积约 250 平方公里，墓葬达 500 余座，已发掘 20 余座。编号"03LE"的古墓是楼兰地区现知唯一的壁画墓，它位于 LE 城东北约 4 公里处。从其墓葬规格、剩余遗物来看，属于魏晋时期身份较高的一个家族的合葬墓，

前室西壁骆驼与门道西侧的独角兽壁画

东壁的宴饮图壁画

楼兰贵族墓

所以也称为"楼兰贵族墓"。

贵族墓高高隐匿在一座雅丹台地的西南端。此台地长约 76 米，宽约 30 米，高约 20 米。这是一座带墓道洞室的双室墓，墓道长 10 米。墓室分前、后室，皆呈长方形、平顶。前室中心有一根直径 50 厘米的中心柱，基座方形、柱身圆形。墓室四壁及中心柱绘满壁画。最知名的为前室东壁"宴饮图"。学界认为在"宴饮图"三男三女对饮的场景中，人物姿态、服饰皆具贵族风格。而门壁独角兽及西壁的斗驼场景，则与中原河西地区发掘的墓室壁画多有相似。"宴饮图"左起第三人头上部有墨书佉卢文题记。此墓几乎被盗掘殆尽，由于盗墓贼动用了炸药，部分墓顶及壁画被毁，人物的头部无一幸存，大量壁画难以辨析。

土垠遗址

土垠是西汉楼兰道上出玉门关后的第一个驿站。它位于罗布泊北岸

土垠遗址

远眺土垠遗址

广袤的风蚀台地地区，北部是著名的龙城雅丹，东面与玉门关之间相隔三陇沙、白龙堆等雅丹地貌。由于北有库鲁克塔格山，南依孔雀河尾闾，这里也曾淡水丰沛。在这个遗址出土的文物中，最珍稀的要数 75 支西汉木简，其中 4 支木简有"居卢訾仓"的清晰文字。学术界从而将它明确为汉代居卢訾仓遗址。居卢訾仓曾肩负邮驿、仓储的功能。此外在遗址西部傍水道处，考古学家还发现了码头台基遗址。遗址近仓储地，说明该遗址在古代是一个水上运输与仓储结合的重要驿点。

太阳墓

这是青铜时代的一片公共墓地，距今已有 4000 年的历史。它是罗布淖尔先民的生命印迹。该墓地也叫"古墓沟"。自从 1979 年发现直到今天，这里发掘出 42 座墓葬，分布在总面积约为 1600 平方米的孔雀河古河道北岸。

这个遗址最引人瞩目的是其中 6 座特殊形制的、俗称"太阳墓"的巨大墓葬。顾名思义，它们是以大量的木桩，打造出形同太阳及其光芒的墓葬形制。从高空俯视，一个个木桩像钉子般垂直地楔入大地，只在地表露出其横截面，从而连点成线，完成图形。这些木桩的选择也颇用心。依圆环由内向外，木桩呈现由细到粗的变化。最内圈的 7 层同

太阳墓

心圆紧密排列，形成太阳轮廓。其外侧立桩呈辐射状散开，则犹如四射的光芒。据考古测量，内圈木桩直径粗 5—10 厘米，外侧木桩最粗达到30 多厘米。而墓主人呢？他们正深埋在太阳中心的地底。这种大费周章的建造形式传导着深深的精神信仰，昭示着对"太阳"的崇拜。或许，这也是人类对生死轮回的探究及与天地沟通的渴望。

罗布泊雅丹地貌

在罗布泊荒原的东、西、北部，有着面积广达 3000 平方公里的雅丹地貌区。

古罗布泊地区湖水褪尽时，在地表留下了大片的堆叠沉积。风刮、雨蚀等自然的力量，将沉积物中疏松的沙层渐渐"搬空"，只留下坚硬的泥岩或石膏胶结层，从而塑造了嶙峋百变的风蚀地貌。这种地貌今天

罗布泊雅丹地貌

被统称为"雅丹"。

龙城、白龙堆、三陇沙是罗布泊的三大雅丹群。它们在西域历史上拥有响亮的名称,并且流传至今,这当中不仅仅因为它们显著的地貌特色,更因为它们曾是楼兰道的必经之地。

《魏略·西戎传》清楚地描述了白龙堆和三陇沙的位置。而龙城,则常常被误会为是一座真正的故城。郦道元在《水经注》里曾这样写它:"龙城,故姜赖之墟,胡之大国也。蒲昌海溢,荡覆其国。城基尚存而至大,晨发西门,暮达东门。浍其崖岸,余溜风吹,稍成龙形,西面向海,因名龙城。"事实上,这是一个错误的论断,它误导了后世对龙城的认识。龙城似城,其实非城,它只是大自然的神奇杰作罢了。龙城的雅丹地貌呈东北——西南走向,气势恢宏,状如虬龙潜行。它的沟谷密布,成了阻挡人们前往楼兰的天然屏障。白龙堆雅丹也是如此。《汉书·西域传》中的记载可为印证:"车师后王国有新道,出五船北,通

卧伏于途——白龙堆雅丹地貌

舰队列阵——三陇沙雅丹地貌

虬龙潜行——龙城雅丹地貌

玉门关，往来差近，戊己校尉徐普欲开以省道里半，避白龙堆之厄。……"
（注："五船"即五船道，是穿越库鲁克塔格山至吐鲁番盆地的道路。）

　　三陇沙在玉门关以西，白龙堆以东。它东西横亘数百里，因曾有醒目的三大断石而得名。由于地理位置邻近中原，法显在《佛国记》中称三陇沙为"敦煌沙河"。

第二章　流沙梦里两昆仑

随着深入塔里木盆地，丝绸之路的南北两道益发分开——一条紧沿着天山山脉南麓蜿蜒伸展；另一条则倚靠着昆仑山北麓自行其是。它们分别在塔里木盆地的南、北边缘勾勒出一个壮丽的圆弧，最终交会在遥远的葱岭。

塔里木盆地是中国最大的山间内陆盆地。其西至帕米尔高原之东陲，东抵罗布泊洼地之边际；北接天山南麓，南达昆仑山脚，占据了南疆的大部分面积。虽然幅员辽阔，却有超过百分之六十以上的面积被沙漠覆盖——中国最大的沙漠"塔克拉玛干"即居于盆地内塔里木河的南侧，侵吞了大片土地。幸而在盆地边缘，在高山与沙漠对峙之间，大自然冲击出了肥沃的平原及片片绿洲，作为对生灵的慷慨馈赠，从而孕育了焉耆、龟兹、精绝、于阗等古国文明。

一、中天山绿洲：焉耆–龟兹语文化带

　　汉代丝绸之路的路径轨迹，在穿越楼兰故城或吐鲁番盆地时曾有一小段分歧，但最终在焉耆交会重合。从这一视角审视，焉耆充当着北线中段起始点的关键角色。焉耆，又称为乌夷、阿耆尼，它是位于塔里木盆地东北部的古代西域城邦国。史料记载，其国都为员渠城。不过，关于员渠城的确切地址，至今还没有定论。可以确定的是，汉代焉耆的辖境主要在博斯腾湖西北岸，即以现今的焉耆回族自治县为中心的地带。

　　《汉书·西域传》记载："焉耆国，王治员渠城，去长安七千三百里。户四千，口三万二千一百，胜兵六千人。……西南至都护治所四百里，南至尉犁百里，北与乌孙接。近海，水多鱼。"匈奴曾在此处设置"僮仆都尉"官职，对西域属国实施管控——"匈奴西边日逐王置僮仆都尉，使领西域，常居焉耆、危须、尉犁间，赋税诸国，取富给焉。"唐代，玄奘法师出吐鲁番即入焉耆，并将焉耆作为他的口述巨著《大唐西域记》的开篇。书中这样记载："出高昌故地，自近者始，曰阿耆尼国。"阿耆尼，是梵文音译，意为"火焰"，或许是源于当时当地信仰拜火教。

焉耆西南有尉犁国。尉犁以西，还有危须、渠犁、乌垒、龟兹等国。汉宣帝地节二年（公元前68年），郎官郑吉驻扎在渠犁屯田积谷，为攻打车师国做准备。《汉书·郑吉传》记载："神爵中，匈奴乖乱，日逐王先贤掸欲降汉，使人与吉相闻，吉发渠犁、龟兹诸国五万人，迎日逐王。……汉封日逐王为归德侯。吉既破车师，降日逐，威震西域，遂并护车师以西北道，故号都护。都护之置，自吉始焉。……吉于是中西域而立莫府，治乌垒城，镇抚诸国，诛伐怀集之，汉之号令班西域矣。"文中说郑吉"中西域而立莫府"，指的就是公元前60年西域都护府的设立。郑吉为首任都护，府治驻于乌垒。公元9年，西汉以王莽建立新朝而终结。新朝轻视西域，对诸国举措强硬，危机遂起。焉耆国率先发兵，并与龟兹联手谋乱，其间两度斩杀当时在任的西域都护，直至班超统帅汉军与于阗、疏勒等国合力，彻底挫败各地叛乱，最终收复西域。焉耆亦成为丝绸之路北道重镇之一。贞观二十二年（公元648年），唐朝平定突厥，于焉耆设置了新的行政管理机构——焉耆都督府。

焉耆与龟兹，同为塔里木盆地北缘地位显赫的城邦国。两者地理位置相邻，经济与军事密切联系，其语言文字也具有高度的相似性。19世纪初，外国探险家们在龟兹、焉耆、高昌等地发现了一种古老的用婆罗谜文斜体书写的文字。"1907年，德国梵文学家缪勒发表《论中亚一种未知语言的定名》，依据回鹘文经中的Toxri/Togri一词首次称这种语言为'吐火罗语'。次年，德国语言学家泽格和泽格林又共同发表《吐火罗－印度斯基泰月氏语考》，再次肯定这个名称。同时对它的语言结构也进行了初步解析，指出它应属印欧语系，有两种不同的方言。他主张把焉耆和吐鲁番（古代高昌）使用的语言称为甲方言，把库车（古代龟兹）的语言称为乙方言。"（详见李铁《焉耆－龟兹文及其文献》一文，收录于新疆人民出版社《龟兹文化研究》丛书）我国东方学大师、语言学家季羡林先生在其论文《吐火罗语的发现与考释及其在中印文化交流中的作用》中，也曾论证吐火罗语即中天山文化带焉耆-龟兹语的说法。然而对这一学说的争论经久不息。现今人们更倾向于认为焉耆-龟兹语并不直接来源于古代巴克特里亚的"吐火罗人"，更可能来源于与中亚民族的接触交流。这种神秘的婆罗谜文字，曾活跃于丝路北道沿途的一些地带，不但被用于日常交流，也被用于一定时期的文学创作、文献记录等。最具价值的文物实证，是我国现存最早、最长的古代剧本——28幕的《弥勒会见记》残卷。此外，还有大量已知的公文账目、壁画题记、石窟铭刻等。

焉耆-龟兹语，虽然是一种已经失去生命力的语言，但与其相关的文献遗存，却标记出历史上的一段独特时期。其犹如一颗被时间封印的琥珀，存留下了丝绸之路文明交流的美好结晶。

阿父师泉

在距离托克逊县城西南30多公里的天山前山博尔托乌拉山中，有一条天然沟谷——苏巴什沟。它是古代连接吐鲁番盆地与焉耆绿洲的"银山道"。唐代，玄奘法师从高昌国出发，循此古道到达焉耆。

苏巴什沟里有一眼泉水，名为阿父师泉。从《大慈恩寺三藏法师传》里能够大致看到阿父师泉的模样："泉在道南沙崖，崖高数丈，水自半而出。"关于此泉，有一段美丽的传说。相传，曾有一位德高望重的僧人，名叫"阿父师"。他见行至该地的商旅因水源干涸而陷入困顿，便毅然决定施以救助。他攀上陡峭的崖壁，以无上的修为和愿力，祈求天降甘霖。崖下，商旅们虔诚祈求："阿父师，请您为我们引来清泉。"伴随着呼唤，奇迹发生了——一股清泉自半山峭壁间喷涌而出，瞬间浇灌干渴的土地，滋润了商旅的身心。然而，当这股清泉带来生机与希望

阿父师泉

之时，高僧却悄然于崖顶圆寂。从此，阿父师泉世世代代潺潺流淌，传颂着这段舍己为人的不朽传奇。玄奘法师对这一宣扬佛法的圣迹十分敬畏。他在穿越苏巴什沟进入焉耆国的路途中，不仅觅见了阿父师泉，还在泉边住过一宿。

　　跨过公路护栏，顺着陡坡滑入苏巴什沟谷，脚下碎石随坡滚落，发出簌簌声响。沿着沟口深入行走近二十分钟。依稀记得两侧山岩青黑如铁，嶙峋石壁在暮色中愈显冷峻。裂谷将天光收束成一线，投射在碎石铺就的古道上。寒冬日落时分，沟谷死寂无声，唯有风掠过岩缝的呜咽。直到一片冰蓝的光芒刺破昏暗，阿父师泉近在眼前。此刻，原本奔涌的泉水凝成数丈冰瀑，悬垂于峭壁半腰，恰似"水自半而出"的记载。为捕捉最后一抹残阳，我扛着三脚架匆匆地踩上冰面，顷刻滑翻，结结实实躺了下去。此时顺势望去，那高挂着的泉口，恍惚之间，千年前商队

苏巴什沟谷

跪拜祈水的剪影，崖顶高僧圆寂的轮廓，在这暮色中重叠，化作阿父师泉永恒的慈悲。

七个星佛寺遗址

七个星佛寺遗址，位于焉耆县七个星镇，七个星村以南。这处晋唐遗址曾是焉耆国的佛教中心。整个佛寺遗址散布在霍拉山的山前地带、占地逾 4 万平方米的山梁和坡地上。遗址分南、北两大部分，以中部的泉沟为界，由地面寺院建筑和洞窟建筑两部分组成。寺院残存大小建筑 93 处，洞窟遗存 11 个。除残留的佛像基座外，窟内还有伎乐、朵云纹、飞天等壁画遗存，出土过泥塑佛、菩萨、天王、供养人等头像。洞窟的形制大致与克孜尔早期洞窟相似，壁画比较精美，佛像造型丰满祥和，兼具犍陀罗和中原艺术风格。20 世纪初，斯坦因、勒柯克等都曾带队

七个星佛寺遗址

佛窟遗址

僧房遗址

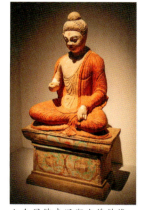
七个星佛寺泥塑坐佛佛像
（德国柏林亚洲艺术博物馆藏）

在此考察，获取了众多精美泥塑、壁画等文物。

1974 年，人们偶然在遗址北部寺院以外发现纸质文书残页。这些残页经由季羡林先生的破解，确认是用焉耆文书写的《弥勒会见记》。此珍贵文物是唐代遗物，也是我国现存最古老的佛教剧本。它的存在证明，戏剧曾是佛教传播的重要途径。对其独特的文字的溯源定性更是牵动着学术界关注的目光。这些残页填补了古老文明缺失的环节，对探究古代焉耆乃至整个西域地区的社会风貌、佛教传播以及戏剧艺术的发展，有着举足轻重的意义。

铁门关

铁门关在巴音郭楞蒙古自治州库尔勒市以西 8 至 12 公里的两山隘口处。它始设于晋代，《唐书·地理志》有载："自焉耆西五十里，过铁门关。"铁门关是焉耆通往龟兹的要道节点，它所在的峡谷叫作铁关谷。孔雀河在谷底蜿蜒流淌，西汉张骞、东汉班超都曾饮马于此。唐代玄奘法师曾经从此处翻越库鲁克塔格山去往龟兹。

今天在霍拉山与库鲁克塔格山相峙的开口处，一座雄伟的水库赫然而现。水库的大坝拦腰横亘两山间，将孔雀河截流。此铁门关水库建成

铁门关

铁门关水库

于 1972 年，是一座以发电为主，兼顾灌溉、防洪的日调节水库，由拦河坝、泄洪洞和发电引水洞组成。它距离我国最大的内陆淡水湖博斯腾湖的出口约 65 公里。河水在古道旁汇聚，碧波荡漾，两岸青山相映成趣，构成了一幅动人心魄的画卷。

孔雀河

孔雀河全长约 785 公里，源头来自博斯腾湖。它从湖的西部溢出，依山傍谷经过铁门关，流经库尔勒市区和尉犁县，最终注入罗布泊。然

澄澈的孔雀河在库尔勒市蜿蜒流淌

而孔雀河是罕见的无支流水系，历史上只有善变不羁的塔里木河曾几度与它相接。罗布泊的命运在这"聚散"之中被无情左右着。现在的孔雀河已经无法抵达罗布泊，却作为库尔勒市的母亲河，持续提供着工农业和生活用水。

塔里木河

塔里木河全长达 2179 公里，流域总面积约 102 万平方公里。它是中国最大、最长的内陆河，在世界内陆河排名位居第五。它是西域的生命之源，滋养着新疆大片神奇的土地，也孕育了璀璨夺目的文明。维吾尔语中，"塔里木"象征着"无缰之马"。塔里木河中下游由于泥沙沉积和洪水冲刷，频频改道、游移不定，也许这就是命名它为"塔里木"的意蕴——这真是恰如其分地描绘了这条河流桀骜不驯、自由奔腾的姿态。

在尉犁县墩阔坦乡，塔里木河静静流淌。这里最早为西域尉犁、渠犁、山国的所在，魏晋时期这些国家为焉耆所兼并。新疆古老的民族之一——罗布人曾在此繁衍生息。此处景色奇绝，流水与沙丘相依并存，而原始胡杨林受河水滋养生机勃勃，繁衍不息，陪伴着西域的物换星移。

塔里木河（尉犁县段）

营盘故城

　　尉犁县重要的文化遗存之一是营盘故城，它是汉代山国的所在。这个汉晋故城位于罗布泊北部边缘。它距楼兰故城200公里，是楼兰向西沿孔雀河岸进出西域腹地的必经之城。根据《汉书》的记述，山国人口五千，却拥有胜兵千人。它"……西至尉犁二百四十里，西北至焉耆百六十里，西至危须二百六十里，东南与鄯善、且末接"（《汉书·西域记》）。

　　营盘故城最大的特点就是它的圆形城墙，这使它有别于楼兰、高昌、北庭等方城。由此可见，塔里木盆地区域很早就受到了西亚传统建筑风格的影响。同样被考证为圆城的还有尼雅、安迪尔两座故城。可惜的是，后两者的城墙毁坏得非常严重。今天仅有营盘故城的圆形城墙依旧屹立在茫茫荒原之上。

　　在故城以北约1公里的位置，有9座佛塔式建筑遗迹，其中雄踞于中央的大佛塔保存最为完好。这是一座由土坯垒砌的覆钵式佛塔。底座呈长方形，南北长约18米，东西宽约14米，高约2米；塔身为圆柱形，直径约4米，高约3米。在大佛塔的北部有一个盗洞，深入佛塔的中心。周围的小佛塔也有人为挖掘破坏的痕迹。

营盘故城

营盘大佛塔

脱西克烽燧

　　汉武帝收复楼兰，为楼兰道清除了匈奴的袭扰。从此汉军可长驱直入塔里木盆地，汉朝政令亦可通达西域腹地。配合都护府的建制与管理，朝廷在西域各地大举修烽燧、起亭障，以稳固边防。在营盘故城及以西的孔雀河河谷地带，今天仍然可以看到的汉代烽燧有 11 座。其中位置最东、保存最完好，也是形制最大的就是这座脱西克烽燧。它底边长约 10 米，顶部边长 7 米，存高 8.6 米。燧体南面有 2 米宽的豁口，墙体有成排榫洞，应是木构残迹。

脱西克烽燧

烽燧南侧结构

二、龟兹，通衢之路上的精神灯塔

自从西汉设立西域都护府"总护南北道"，塔里木盆地活力焕发，生机盎然。商贾穿梭其间、文明交融于斯。在此背景下，北道的绿洲国家龟兹迅速崛起。到东汉时，它已经是西域三十六国中的佼佼者。龟兹也称屈支、屈茨，其辖地以今新疆维吾尔自治区阿克苏地区的库车市为中心，北抵天山、南至精绝、东接乌垒、西达姑墨。它疆域广大，是区域军政、文化中心，更是财富的聚集地。《册府元龟·外臣部》记载："龟兹国，王治延城，去长安七千四百八十里……王宫壮丽，焕若神居。……城有三重，外城与长安城等，室屋壮丽，饰以琅玕金玉。"龟兹国昔日的辉煌，从中可以窥见一斑。

历史上的龟兹，始终被视作中原管辖西域的重要阵地。《后汉书·班超传》记载，班超于汉章帝建初五年（公元 80 年）上疏请兵，针对龟兹的地位及影响，他掷地有声地指出："若得龟兹，则西域未服者百分之一耳。"《资治通鉴》中也有与之相呼应的表述，强调了龟兹若失将带来的严重后果：不仅西域会落入匈奴、鲜卑之手，连河西地区也难以

库车绿洲

保全。这些记述，都揭示了得失龟兹关系整个西域乃至中原王朝边疆的安危。在班超"以夷制夷""羁縻统治"的政治军事策略下，西域再度被收复。东汉永元三年（公元91年），西域都护府迁至龟兹国的它乾城。

唐初，西域的最高军政机构是安西都护府。它最早设置于西州交河城，到贞观二十二年（公元648年），府治西迁至龟兹，并随之设立了于阗、碎叶、疏勒、龟兹，是为"安西四镇"。安西四镇命途多舛，先后经历了龟兹的反叛及吐蕃的多次攻陷，曾几度废弃又几度重置。在这一时期，安西都护府的府治也多次变迁，甚至一度迁回西州。直至北庭都护府的设立，局面大为改观。设立北庭都护府，是唐王朝为长效管辖西域而进行的富有战略意义的一次重大布局。从此，安西、北庭两大都护府既各有所司又互相依仗支持，在地域上彼此照应，确保丝绸之路的连贯畅通；在军事上彼此合作，确保丝绸之路的安全无虞。

在唐代政局平安、物阜民丰的时期，西域成为中原与中亚、西亚乃

库车大峡谷

至欧洲进行经济合作和文化交流的重要渠道。而随着安西都护府的权力范围不断扩充，这些交流一直涵盖到了天山南北麓，以及翻越葱岭的中亚大部分地区。在"万里向安西"的大都护府时代，丝绸之路上物华云流，俊采星驰。龟兹则是这巅峰时代的第一见证者。

龟兹国的中心位于今新疆维吾尔自治区阿克苏地区库车市。"库车"这个名字，维吾尔语有"十字路口"或者"通衢之路"的意思，这十分吻合历史上龟兹作为丝绸之路中段枢纽的地位。龟兹国北倚天山，南依塔里木盆地。境内峡谷砂石嶙峋、壁立千仞，世称"库车大峡谷"。这罕见的自然奇观为龟兹山川增添了无穷韵味，使行人心头对此久久深情念想。途经大峡谷，我脑海里总会浮现冯其庸老师的诗作《题龟兹山水二首》。他的"地上仙宫五百阘，赤霞援接北天门"，指出了龟兹山水的精髓所在；他的"平生看尽山千万，不及龟兹一片云"，则是对龟兹山水的由衷称颂。龟兹就是这样神奇，在你尝试了解它、解读它之前，内心已然生出了爱慕与敬畏。

天山山脉不但是龟兹国的北部天堑，同时也提供了丰富的矿产资源。龟兹国盛产金、铜、铁、铝、锡等矿物，又因吸纳了从中原传来的冶炼技术，成为西域冶铁中心。这里制造和输出了大量的兵器和农具。《水经注》曾援引《释氏西域记》对此赞美："屈茨北二百里有山，夜则火光，昼日但烟。人取此山石炭，冶此山铁，恒充三十六国用。"20世纪以来，考古工作者在库车市周边发现了大量汉唐冶炼遗址，为龟兹冶铁业曾经的发达提供了佐证。

与西域其他地区相似的是，农牧业也是早期龟兹国赖以生存的基础。这里盛产麦子、稻谷、玉米、石榴、葡萄、杏、桃、梨等农作物与水果，物产的富足引发了对饮食的讲究。龟兹葡萄产量丰富，当地人借以酿酒、藏酒。《旧唐书·西戎传》记载"饶葡萄酒，富室至数百石"，可知当地人对葡萄酒偏爱至深。唐代王翰《凉州词》有"葡萄美酒夜光杯，欲饮琵琶马上催"的名句，其中的"葡萄美酒"或许就产自龟兹。当地美食中，还有全疆独一无二的著名美食——库车大馕，它的直径达到60厘米，状如锅盖，又薄又香脆，被人们打趣地叫作"锅盖馕"。库车大馕独具杏花香气，那是因为当地杏树多，而烤馕的木材常常取用杏木枝条的缘故。

库车锅盖馕

龟兹作为"通衢之地"，乃四方商贾行旅的必由之路，贸易昌盛理所当然，文化交流也频繁不息，成为名副其实的经济、技术、宗教、人文的大熔炉。时至今日，在西域各领域的研究和探索中，龟兹文明的来源依然是饶有兴趣的课题。季羡林先生曾说，龟兹文明是"古印度、希腊罗马、波斯、汉唐文明在世界上唯一交汇的地方"。一言九鼎，切中肯綮，广为流传。

龟兹有极富地方特色和民族魅力的音乐舞蹈。玄奘法师取经路上，历经一百多国后，说龟兹"管弦伎乐，特善诸国"（《大唐西域记》）。唐人视龟兹乐为胡乐的代表，将其引进中原，宫廷列为演奏类目，民间更是喜爱至极，家家唱，处处吹，风靡不衰。《旧唐书·音乐志》记载："自周隋以来，管弦乐曲将数百曲，多用西凉乐，鼓舞曲多用龟兹乐。"又记载："自破阵舞以下，皆擂大鼓，杂以龟兹之乐，声震百里，动荡山岳。"而谈及龟兹乐舞，尤值一提的是"苏慕遮"。唐代僧人惠琳在《一切经音义》里写道："苏慕遮，西戎胡语也……此戏本出西龟兹国，至今犹有此曲。"苏慕遮舞，也叫"乞寒舞"或"乞寒胡戏"。古代龟兹人在佛教节日"行像节"上，瞻仰、膜拜车载而过的佛像后，会跳起一种求雨的舞蹈。这种仪式性的舞蹈慢慢演变成了"苏慕遮"。据学者俞平伯考证，"苏慕遮"本是波斯语的译音，原义是"披在肩上的头巾"。

龟兹民间艺术的丰富很大程度归功于人群的迁徙流动和丝绸之路的开放。龟兹佛教的悄然兴盛与之同理。佛教在公元前后传入龟兹，岁月如流，慢慢在这片土地上生根发芽、开枝散叶、焕发活力。到公元3至4世纪，龟兹已是塔寺众多、名僧辈出，成为葱岭以东佛教传播的中心。《晋书·四夷传》云：龟兹"其城三重，中有佛塔庙千所"。《出三藏记集·鸠摩罗什传》云："龟兹僧众一万余人。"即便在唐代几经战乱

库车民间艺人弹唱热瓦甫

库车杏花节上的龟兹乐舞

龟兹故城遗址（摄于 2007 年 10 月）　　　龟兹故城残墙遗址（摄于 2023 年 3 月）

冲洗，玄奘依然目睹了它"伽蓝百余所，僧徒五千余人，习学小乘教说一切有部"（《大唐西域记》）的繁盛。龟兹佛教曾经的辉煌，还可见证于一批"活的化石"，那就是龟兹佛教石窟群。《法苑珠林》记载："若于四衢道中，多人观处，起塔造像，可作念佛善福之缘。"依此来看，龟兹能够建造如此众多的石窟，是集聚了天时、地利、人和等诸多善缘。可以说，没有佛教文明，就没有龟兹文明；没有佛教流播传习，就没有龟兹石窟壁画；而没有龟兹石窟壁画，则不足以撑起西域佛教艺术。

现如今，我一次又一次地探访龟兹，每次都会到它的故城遗址去看看。它就在库车市内，坐落在距离市政府 4.9 公里处的库车河东岸。遗址尚留存着一截残墙，被文物保护部门以栅栏圈围了起来。现代化的宽阔道路紧邻在旁，车辆络绎不绝地来来往往。故城，却已与这人间烟火断然隔绝，被凝固在了久远的过去……

刘平国治关城诵石刻

这是一处极具历史意义和学术价值的摩崖石刻，发现于清光绪三年（公元 1877 年）。它位于拜城县黑英山乡玉开都维村北约 1.5 公里的博孜克日克沟口的西侧山体上。石刻字分两处，均为隶书。南侧一处为

博孜克日克沟口

拓片与石刻比对

颂文，有字处宽约 40 厘米、长约 48.3 厘米。北侧一处为作颂人题识，长约 18.3 厘米、宽约 16.6 厘米。其全文如下：

> 龟兹左将军刘平国以七月廿六□发家从秦人盂伯山狄虎贲赵当卑万阿羌石当卑程阿羌等六人共来作列亭从□□关八月一日始断岩作孔至十日□坚固万岁人民喜长寿亿年宜子孙永寿四年八月甲戌朔十二日乙酉直建纪此东乌垒关城皆将军所作也俱披山敦煌长□淳于伯隗作此诵。

以上内容清楚表明，该石刻是为表彰、纪念龟兹左将军刘平国率六部众修筑亭障的功绩。其中有明确的中原纪年："永寿四年"，即东汉永寿四年（公元 158 年）。

而"东乌垒关城"指的就是龟兹地区——当时西域都护府治所（驻地乌垒）的东部关防之城。该沟口是经龟兹跨越天山南北、通向乌孙的一条古道入口。这古道是条捷径，既方便了乌孙与汉朝的联络，也可能方便匈奴南侵塔里木盆地。于是，在此立亭障、设关卡、稽查商旅、防范外敌是必然的举措。1928 年，黄文弼先生到此调查，在沟口两侧的山体崖壁下方均发现了行文中"断岩作孔"的真实痕迹，并且岩壁之下堆满碎石。他由此推断在两山之间曾架设横杆或栅栏，打造通行关卡。

方形孔洞在沟口的位置

石刻内容中提到人名有六个，秦人名字孟伯山、狄虎贲、赵当卑；明显的羌族姓名万阿羌、程阿羌；还有一个难以确认其民族由来的姓名石当卑（有猜测指出此人或许是龟兹土著中具有中亚吐火罗血统的人）。不论如何，这都反映了当时汉、羌、龟兹等民族曾共同参与边疆防务建设的历史。事实上，早在公元前1世纪，龟兹王绛宾就通过政治联姻依附于汉朝，被汉宣帝赐封"汉外藩"。他留居长安一年，返回后在龟兹"乐汉制，立汉仪"，甚至仿照长安城修建都城。正是这种深刻的文化认同，坚实了中原王朝对龟兹乃至西域的有效治理，推动了两地的文化交互。

尽管对碑文中的"秦人"究竟是指汉族人，还是生活在龟兹、焉耆地区，给自己起了汉族名字的当地人，至今仍有悬念。然而不论如何，作为新疆现存最早的汉代隶书石刻，《刘平国治关城诵》像一面历史的明镜，

日照边塞雄关

清晰照见了东汉在龟兹地区的军政治理实况，给历史新添了一笔注解。在即将离开时，我回望石刻之所在，见到最后的一抹日光洒落，仿佛以满山霞光为旧日关隘铃下永久的封印。

2008 年 1 月，我随北京大学、新疆吐鲁番学研究院及新疆师范大学等学术科研单位的 20 位专家学者进行了一次"和田考察"，探访和田、库车地区。记得抵达博孜克日克沟口的那个傍晚，日落黄昏，光线渐暗。近看刻石崖壁，其因久经风雨和洪水的侵蚀而崎岖不平，刻字更是漫漶不清。好在已有多个时期的拓片被珍藏于各地博物馆和图书馆中。这么想着，内心念念：是否还有许多这样的历史遗迹未被发现，就已悄悄消泯于西域大地了……

汉式砖室墓

2007 年 8 月，新疆库车市的友谊路地下街正在建设施工，然而当施工人员开挖基坑南端的时候，竟惊现一批古墓葬，其中有砖室墓 7 座，小型竖穴墓 3 座。墓葬较为集中地分布在距地表 3—10 米的戈壁沙砾层中，墓葬的年代可推定为魏晋。它们是西域目前唯一的、与中原河西地区墓葬建筑和丧葬习俗完全一致的汉式墓群。这反映出魏晋时期中原汉文化在龟兹地区的影响；墓主人很可能是深受汉晋文化熏陶的龟兹国贵族，也可能是居住在龟兹地区的汉地吏民或河西豪族。

2007 年库车市友谊路砖室墓挖掘现场

汉式砖室墓 1 号墓

汉式砖室墓出土的莲纹陶罐
（新疆维吾尔自治区博物馆藏）

苏巴什大寺

苏巴什大寺，位于今天库车市东北 20 公里，阿格乡栏杆村以南 2 公里处。它是唐代玄奘法师在《大唐西域记》里面所记载的"昭怙厘伽蓝"。书中记载道："荒城北四十余里，接山阿隔一河水，有二伽蓝，同名昭怙厘，而东西随称。佛像庄饰，殆越人工。僧徒清肃，诚为勤励。东昭怙厘佛堂中有玉石，面广二尺余，色带黄白，状如海蛤。其上有佛足履之迹，长尺有八寸，广余六寸矣。或有斋日，照烛光明。"

苏巴什寺始建于魏晋，鼎盛于隋唐，是古龟兹国第一名寺。东晋高僧鸠摩罗什和唐代高僧木叉毱多都曾在此修行。遗址建筑皆以佛塔为中心，四周围绕着庙宇、洞窟、殿堂、僧房等。铜厂河（今库车河）穿寺而过，将苏巴什分成"东西二伽蓝"。西寺中部大佛塔是苏巴什佛寺的

东寺佛塔

东寺佛堂

东寺全景

西寺隔库车河与东寺相望　　　　　西寺中部大佛塔

代表建筑，塔基呈方形；南部有斜坡通道可以直达佛塔的二层平台。这种中心柱型支提佛殿形制在整个龟兹佛教建筑中为仅存的一处，是龟兹佛教在地域化过程中的独创。

1903 年，日本大谷光瑞探险队在西寺发掘了公元 7 世纪的彩绘"苏慕遮"木制舍利盒。盒子表面绘有 21 人组成的乐舞队，有弹奏乐器的、有戴着面具和执棍舞蹈的，盒盖上还出现了带翼天使形象。这个盒子的发现，再现了龟兹乐舞的真实样貌，堪称珍宝。今天它被收藏在日本东京国立博物馆。1978 年，库车县文物部门又在西寺的大佛塔塔基之下发掘出一具龟兹女性骨架，其腹中的胎儿骨殖及其他随葬品，现藏于库车龟兹博物馆。

古代龟兹石窟群

石窟又称石窟寺，起初是佛教僧侣为修行避世所开凿的山中洞穴。它们通常选址在毗邻水岸的半山崖上。如此既能方便生活，又可以亲近自然，拥享安宁。随着佛教造像艺术的盛行，虔诚的教徒们以绘画的方式将佛教的各种人、事、物和故事描摹在洞窟壁面上，供世人瞻仰圣像、解读故事、习得教义。佛教在传入伊始就被龟兹王室所接受，随之被贵族阶层大力推崇，影响日大。《大唐西域记》里记载："大城（龟兹王

克孜尔石窟

城）西门外，路左右各有立佛像，高九十余尺。于此像前，建五年一大会处。每岁秋分数十日间，举国僧徒皆来会集。上自君王，下至士庶，捐废俗务，奉持斋戒，受经听法，渴日忘疲。诸僧伽蓝庄严佛像，莹以珍宝，饰之锦绮，载诸辇舆，谓之行像。动以千数，云集会所。常以月十五日晦日，国王大臣谋议国事，访及高僧，然后宣布。"佛教成为龟兹举国上下的普遍信仰，统治阶层倾尽财富和社会力量大肆开窟修寺，甚至修行纳福与治国理政也一并仰仗佛祖，在众力和合之下将龟兹石窟群的开凿修建及窟内壁画的创制绘饰推向了高峰。后人惊叹龟兹石窟群的博大高超，给它们起了一个简明又响亮的名称——千佛洞。

龟兹石窟群中最具代表性的四大石窟分别是克孜尔石窟、库木吐喇石窟、森木塞姆石窟和克孜尔尕哈石窟。龟兹石窟开凿年代早，存续时间长。龟兹当地的信仰体系经历了从小乘向大乘的发展，它的绘画风格则在犍陀罗艺术和印度艺术的基础上衍生出龟兹本土风格。而后又历经

库木吐喇石窟窟群区第46号窟主室券顶菱
形格因缘故事壁画

克孜尔石窟第14号窟菱形格本生故事壁画
《马璧龙王救五百商客》

汉风、回鹘风、吐蕃风的洗礼。各时代风格鲜明独特，如图像化的历史
年鉴。再看绘画的内容，早期以尊像供养作为主要形式，繁盛期则成了
佛教故事画的海洋，也有少量的生活画场景。龟兹壁画从内容上，大致
可分为故事画（其中又细分为本生故事、因缘故事、佛传故事）、天宫
伎乐图、说法图、涅槃图、天相图、山水动物画、供养人像、经变图、
装饰图。本生故事是释迦牟尼在成佛前历经五百五十次轮回转世的善恶
故事，意在宣扬"因果报应""苦善修行"；因缘故事则是讲述释迦牟
尼以佛教"十二因缘说"来劝谕世人，教化众生之举。这两种故事在龟
兹石窟中多被收录于"菱形格"之中。这种菱形构图形式是克孜尔石窟
的首创。它在每一个以山峦构成的菱形格子里，用单幅画面叙述一个本
生故事或因缘故事，有多少个菱形格，就有多少个故事。这种菱形组合，
原理与蜂窝相似，结构精致紧密，将平面充分利用，而色块的相嵌，则
产生出孔雀开屏般的华丽之美。

龟兹石窟中的本生图，不仅艺术水平高超，别树一帜，而且在数量
上比敦煌、龙门、云岗三石窟的总和还要多。据不完全统计，龟兹石窟
的本生图有150多种，其中又以克孜尔石窟为最，涵盖了其中130多种
本生故事画，其中能够清晰辨识的故事有70多个。这种菱形格绘画形
式很快被龟兹各石窟群广泛采用，但龟兹之外，菱形格绘画则难觅其踪，
其中的缘由至今是个谜。

相较于文字，绘画是以另一种形式记叙历史。龟兹石窟壁画不仅是宗教仪轨的载体，更是多元文明交融的史诗性画卷。那些凝固于画面中的多种民族的脸庞及多种来源的艺术元素，不正是汉唐丝绸之路民族志的视觉档案吗？

◎克孜尔石窟

龟兹石窟群当以克孜尔石窟为首，该石窟是龟兹规模最大、开凿最早，也最负盛名的佛教洞窟群。现今学术界普遍认为，它开凿于公元3—4世纪前后，渐废于公元7—8世纪。

克孜尔石窟地处拜城县克孜尔乡东南7公里处，分布于明屋塔格山南麓，渭干河自西向东从崖下流过，隔河可远眺却勒塔格山。石窟分五层修建，现存洞窟236个，总面积约10000平方米。其中有壁画的洞窟80个，保存壁画总面积约4000平方米。1954年，当地文物保管部门将洞窟逐一编号，并按地形位置分归四大区，分别为谷西区、谷内区、谷东区和后山区。

克孜尔石窟堪称龟兹石窟艺术的鼻祖，引领着这一艺术流派的发展方向。它受印度"支提窟"的影响，独创龟兹特色的"中心柱窟"；又以菱形格绘画开创了龟兹故事画的崭新世界。其光点亮色不一而足，彰显了克孜尔石窟的独特魅力，也在我国佛教艺术发展史上留下了浓墨重彩的印记。

克孜尔石窟及其倒影

流经克孜尔石窟南面的渭干河

克孜尔石窟第 17 号窟中心柱窟

克孜尔石窟新 1 窟后室券顶飞天

克孜尔石窟第 224 号窟主室券顶中脊须摩提女请佛

第 172 号窟盘羊

◎库木吐喇石窟

库木吐喇石窟是仅次于克孜尔的龟兹第二大石窟寺。它开凿于公元5—6 世纪，衰落于公元 11 世纪。库木吐喇石窟拥有比克孜尔石窟更长的时代跨度，它在克孜尔石窟式微后，延续了龟兹风格的佛教艺术的生命力，也接纳了汉风、回鹘风、吐蕃风的佛教艺术，是龟兹石窟中艺术风格最多元的石窟。库木吐喇石窟位于渭干河东岸的却勒塔格山之中，因邻近一个叫"库木吐喇"的村庄而得名，意为"沙漠中的烽火台"。洞窟分布于南北两个相对集中的区域，南部为谷口区，北部为窟群区。谷口区编号洞窟有 32 个，窟群区编号洞窟有 80 个，共计 112 个窟，目前保存壁画约 5200 平方米。

其代表性的十三菩萨穹隆顶（谷口区第 21 号窟）发现于 20 世纪70 年代末。壁画因被坍塌山体所覆盖而因祸得福，得以保存完整。这是一个由 13 个梯形条幅围绕中心的大莲花组合而成的穹隆形窟顶。壁画运用重色厚涂的技法，以灰蓝、石绿、土红的主色作穿插对比，华丽中带有庄重。

五连洞外景

站在洞窟前眺望渭干河

同时，精细的铁线描、自然的晕染相互契合，绘出了人体的仪态万千。

此窟断代为公元5—6世纪，属于库木吐喇石窟的早期作品。这一时期的龟兹石窟绘画艺术在克孜尔石窟的先行带领下，已然步入了创作

谷口区第21号窟十三菩萨穹隆顶

第21号窟内部实景

成熟期。由此，龟兹石窟绘画集四大文明于一身的多重多元的风格技艺，在十三菩萨穹隆顶中得到了充分的彰显。

◎**森木塞姆石窟**

　　森木塞姆石窟开凿于公元4世纪前后，没落于10世纪后。作为古龟兹国境内位置最东的石窟群，其规模虽不如前两大洞窟，但和库木吐喇石窟一样，经历了龟兹艺术发展的全过程，拥有犍陀罗、龟兹、汉、吐蕃、回鹘的多种文化元素。森木塞姆石窟具有克孜尔石窟所没有的一

第30号窟喜鹊

第30号窟三法本生

森木赛姆石窟外景

第 26 号窟四壁开龛的中心柱

些结构形制，例如中心柱四壁开龛，还有在中心柱窟后室的左侧或右侧壁开明窗的做法，而其独具的莲花形套斗顶也是龟兹其他石窟所没有的。

◎克孜尔尕哈石窟

克孜尔尕哈石窟位于库车县西北 12 公里却勒塔格山脉的丘陵地带。在距离洞窟约 1 公里的沟口处，则守望着克孜尔尕哈烽燧。石窟现存编号洞窟 64 个，分布在山谷东、西、北三面崖壁。洞窟开凿年代约在 6—7 世纪，是龟兹石窟艺术繁荣期的作品，以龟兹风为主。在第 13、14

第 14 号窟甬道侧壁龟兹王族供养像

号窟的甬道侧壁上，发现了地神托举的龟兹国王和王后的形象，这在龟兹石窟中绝无仅有。根据王室供养像及龟兹文题记，可以判定克孜尔尕哈石窟是龟兹王室供养的皇家寺院。

在克孜尔尕哈石窟第 30 号窟的后室，整个空间以塑绘结合的形式表现了佛祖涅槃的场景。下方代表人间。正壁有一座塑像台，其上原有一尊涅槃卧佛，上方代表天界。两列伎乐飞天以连珠纹镶饰隔开，对称排列、翩然起舞，他们弹琵琶、吹排箫、吹横笛或托盘撒花。青金石打造了幽深的蓝色天际，使这一幕格外肃穆。

飞天，其原型是乾闼婆，源自古印度神话。由于擅乐舞，乾闼婆被佛教吸纳，成为佛教的护法天神之一。在龟兹地区，飞天多作男像，因此体态劲健，略显沉重，彰显出独特的艺术风格。而当飞天形象传入中原后，逐渐向女性化嬗变，身姿轻盈、体态优美，最终成了以敦煌飞天为代表的中原石窟中不可或缺的佛教艺术符号。

第30号窟后室券顶伎乐飞天

第30号窟后室

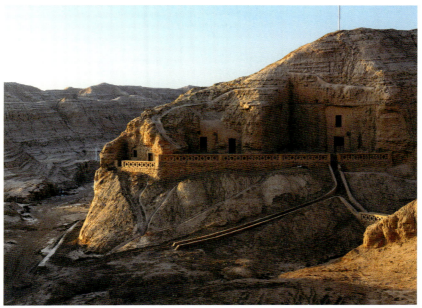

克孜尔尕哈石窟

新疆瑰宝在探险家阴影下的哀伤

19世纪90年代起，一些发达国家对探索考察西域文化产生了浓厚兴趣，俄国、瑞典、芬兰、法国的学者纷至沓来。1902年，供职于英属印度的匈牙利裔学者斯坦因在世界东方学会议上介绍了他在新疆地区的考察成果。这立即吸引了德国柏林民俗博物馆的负责人，进而促使德国的第一支探险考察队迅速成行。这支探险队最初的目的地是新疆吐鲁番地区，于是它被命名为"德国皇家吐鲁番探险队"。

该考察队总共到新疆考察了四次。第一支队伍的派出时间是1902年至1903年，由民俗博物馆印度部主任阿尔伯特·格伦威德尔和乔治·胡特担任领队，活动的主要范围在吐鲁番绿洲，考察目标是高昌故城、胜金口等遗址。第二支探险队于1904年至1905年之间由队长阿尔伯特·冯·勒柯克带领，博物馆勤杂工瑟奥多·巴图斯从旁协助，活动范围在吐鲁番地区的各个石窟，并开始埋头割取壁画。1905年12月，格伦威德尔又来到喀什，与勒柯克的第二支探险队会合，就此组成第三支探险队向东进发，深入古龟兹地区的库木吐喇石窟、克孜尔石窟、森木塞姆石窟、焉耆七个星佛寺、吐鲁番桃儿沟、哈密白杨沟、吐鲁番柏孜克里克石窟、拜西哈尔石窟、胜金口、七康湖、吐峪沟、高昌故城等地，直到1907年4月方打道回府。1913年，德国人最后一次来探险期间，勒柯克和巴图斯两人在库车、拜城和巴楚长时间逗留，再次批量地揭取了壁画。

德国皇家吐鲁番探险队第三次考察留影

德国皇家吐鲁番探险队的这四次考察，实际所到之处涵盖了整个丝绸之路北道的文化遗址，并为柏林民俗博物馆猎取了珍贵文物共433箱，约3.5万公斤，其中有壁画、古写本与印本、雕塑、幡画、版画、家具、饰品等珍贵文化遗产，使它成为世界上首屈一指的西域宗教艺术品收藏地。这些藏品中又以壁画，尤其是克孜尔石窟壁画为重中之重。对于所割取的克孜尔壁画的数量，博物馆曾给出过一份统计数字，显示这些壁画出自 37个洞窟，总面积约 328.07 平方米。然而根据文物部门官方统计，实际遭割洞窟为 60 个，损失壁画总面积约为 500 平方米。这两组数字相差较大，原因既有日、俄两国探险队拿走的数量未计入的因素，也有揭取和运输过程损耗的因素，此中疑问可能永远不会再有解答。

柏林民俗博物馆的新疆藏品在 20 世纪 20 年代中期基本上完成了拼合修复。因经费短缺，官方曾将少量的壁画与雕塑进行拍卖。"二战"爆发，博物馆将 60% 的新疆藏品分散到多处的地堡和矿井中隐藏，而已经用水泥牢牢固定于展馆墙壁上的一些大型壁画，无奈被留在了原地。1943 年 11 月至 1945 年 1 月期间，民俗博物馆被盟军飞机轰炸了至少 7次，出自柏孜克里克的 28 幅精美的壁画在炮火中灰飞烟灭。另外，藏于匡尼希雷特街民俗博物馆保存的壁画也损失惨重。就此，德国收藏的新疆壁画在空袭中总共被毁去 40%。

其后，柏林民俗博物馆历经扩展，最终更名为德国柏林亚洲艺术博物馆。2021 年，柏林洪堡论坛正式对公众开放。原柏林亚洲艺术博物馆的馆藏成为其核心展品的一部分。其中，克孜尔石窟壁画占据了二楼的两个大型展厅。另有一部分遗失海外的新疆壁画及系列文物至今流散在新德里、东京、列宁格勒、伦敦、巴黎、纽约、波士顿等地的至少30 家博物馆或研究机构。

柏林亚洲艺术博物馆展厅一隅 (2007年12月摄)　克孜尔石窟第 207 窟佛传故事壁画展品

2007 年 12 月，我打算借赴欧洲出差的机会到德国的博物馆参观学习。时任新疆师范大学教授的朱玉麒先生得知后，推荐我一定要到柏林亚洲艺术博物馆馆藏部去看一看。那里有流失海外的大部分新疆壁画。我内心好奇，并能感觉到这些壁画残片有着无与伦比的价值。于是在朱教授的热心引荐下，我与柏林亚洲艺术博物馆联系落实了参观拍摄事宜。

在博物馆的库房里，我见到了这些壁画。它们有的被搁置在成排的架子上，碎裂而模糊；有的被修复后陈列在墙上，精致而壮美。看着这些脱离了母体的残片若孤儿般流落在外，历经坎坷，我脑海中不断闪现洞窟伤痕累累的壁面，深为痛惜。想到与它们的相遇仅仅是这短暂的瞬间，更是怅然若失。于是，我暗下决心，要把它们的影像记录下来。我求见博物馆的负责人，并在愉快地交流后，获得了在馆藏部及展厅内拍摄两天的机会。工作量很大，时间非常紧张，来不及为每张图片支设脚架，我索性就端着数码相机和折叠梯子，在地下室里挥汗如雨、一刻不停地按着快门。回想当时的情景，真犹如赛跑时激情迸发的冲刺，令人血脉偾张。回上海后，我一边整理、调试照片，一边了解它们的来龙去脉和背后的故事。为此深深着迷。随后我开始专注拍摄新疆石窟，致力于将流失德国的壁画以数字形式回归至洞窟原位，出版了以"柏林亚洲艺术博物馆馆藏新疆壁画"为主题的相关图文专著。

柏林亚洲艺术博物馆库房里陈列的新疆文物

听法菩萨头像壁画（原克孜尔石窟第 38 号窟）

盐水沟

紧邻克孜尔尕哈石窟，蜿蜒着一条名为盐水沟的古道。在维吾尔语中，这条沟壑被赋予了"克孜尔亚山"的美名，寓意"绚烂夺目的红色山崖"。它实际上是一条穿越却勒塔格山脉的干涸河床，其因沟内水流富含盐分，故而称为"盐水沟"。尽管现今它沉寂于偏僻之地，显得有些苍凉、落寞，但在往昔，它曾是丝绸之路上一条至关重要的通道，连接着龟兹国与姑墨国。行路其途，仍可遇见汉唐时期遗留下的关垒和烽燧遗迹。1907年，法国探险者伯希和就曾经在盐水沟关垒找到一批龟兹文简牍，判定为公元7世纪遗物。

盐水沟   盐水沟关垒遗址

克孜尔尕哈烽燧

在盐水沟旁，克孜尔尕哈烽燧与克孜尔尕哈石窟相依相伴，仿佛这两处古老遗迹从来就是一体的。它是留存至今的西域烽燧中最为巍峨者，同时保存状态也相对完好。其历史可追溯至汉代，历经沧桑，至今仍保持着约13.5米的残高。顶部望楼、木栅残迹尚存，基底向上逐渐收缩呈梯形，塔体以精湛的夯筑技艺构筑，呈现着均匀而紧密的结构之美。岁月的长风与时间的砂砾在其表面无情雕琢，使得烽燧顶部凹槽愈发深邃，原本隐藏在内的木料也悄然显露。

克孜尔尕哈烽燧

温宿大峡谷

　　龟兹西邻姑墨，两者所在地域现都归属于新疆维吾尔自治区阿克苏地区。姑墨国的位置在现今阿克苏地区的温宿县。"姑墨国，王治南城……南至于阗马行十五日，北与乌孙接……东通龟兹六百七十里。"（《汉书·西域传》）汉代以来，龟兹国日益强大，姑墨曾多次成为其附属国。唐代时，玄奘从龟兹继续西行，曾经过此地，称姑墨为"跋禄迦国"。到了唐安西都护府时代，这里为龟兹都督府下辖的姑墨州。

　　而在温宿县县城东北约 80 公里处，博孜敦柯尔克孜民族乡境内有总面积逾 200 平方公里的天山峡谷，名"温宿大峡谷"。该峡谷是中国最大

温宿大峡谷的雅丹地貌

的岩盐喀斯特地质区，不仅具有我国独有的巨型岩溶蚀景观，同时也林立着造型奇异的雅丹地貌。大峡谷业已开发的区域，沟谷展延约十几公里，呈南北走向，其宽度在开阔处可达二三百米，而狭窄地段则仅能容一人侧身通过，颇能让旅人领略探险的惊奇。历史上，该峡谷曾是通往天山南北的驿道——木扎特古道的必经之地。当地人称它为"库都鲁克大峡谷"，以维吾尔语赋予了它"惊心动魄、神秘莫测"的含义。

托木尔峰

天山之巅托木尔峰，巍然耸立在阿克苏地区温宿县与吉尔吉斯斯坦之间的边界地带。它属于天山山脉的中段，海拔7400多米，乃整个天山山系的最高峰。这一壮丽主峰及周围共10万公顷的山地于1980年被划定为自然保护区。

托木尔峰

别迭里山口与别迭里烽燧

　　别迭里山口坐落在阿克苏地区西部边缘，其东南方位与乌什县相隔66 公里之遥，是中国与吉尔吉斯斯坦两国边界上一座巍峨的界山。它同时也是古丝绸之路的通道之一，历史上的众多著名人物如张骞、班超、陈汤、甘延寿、玄奘等都曾经过这里，留下足迹。在通往别迭里山口的公路北侧，有一座历尽沧桑的汉唐烽燧，呈梯状，残高约 7.3 米。它明显分两次构筑而成：早期夯土建造，层厚 15—20 厘米，夯土间夹杂木骨和柴枝；晚期在夯层四周用长 20—40 厘米、宽约 20 厘米的卵石垒砌，卵石之间填有小砾石和黄土。宛如一名卫士，它至今仍扼守着古道咽喉，维护着边塞安定。

　　拍摄别迭里山口这一组照片，是出于冯其庸老师的建议。2007 年，我驱车赶往阿克苏地区，并在几番电话沟通后，找到了这处山口和烽燧。拍摄到这组照片后，我稍加整理后即飞到北京探望冯老。先生兴致盎然，打开回忆的匣子，滔滔不绝讲起了他在新疆考察明铁盖达板、别迭里山口，探寻玄奘西出东归所经之地的往事，还赐示了他当年的诗作（今收录于他的文集）：

题乌什城

冯其庸

西来万里拜孤城，

燕子山高有勒铭。

此去关山多峡路，

烽台犹扼迭里门。

别迭里山口

别迭里烽燧

三、山海遗痕：昆仑接塔沙之壤

早在西汉时期，西域地区已经构建出两条成熟的南北交通要道——"自玉门、阳关出西域有两道。从鄯善傍南山北、波河西行至莎车，为南道。南道西逾葱岭则出大月氏、安息。自车师前王廷随北山、波河西行至疏勒，为北道；北道西逾葱岭则出大宛、康居、奄蔡焉。"（《汉书·西域传》）文中的"北山"指天山山脉；"南山"则指"万山之祖"昆仑山及其东侧紧密相连的"雪山明珠"阿尔金山。

昆仑山起始于帕米尔高原，自西北向东南绵延，一直到达青海省西南部。全长超越 2500 公里，平均海拔介于 5500—6000 米之间，如巨龙一般盘踞在 50 多万平方公里的土地上。在我国上古神话中，昆仑山被尊为四海之内的至高巅峰，有女神西王母居住的华美宫阙，瑶池琼楼、祥云仙雾、蟠桃会、青鸟传信、穆天子造访……这些场景、人物、故事，人们耳熟能详。远眺巍巍昆仑，无论是洒在其山峰的一抹夕阳，还是飘飞于其上空的几缕云霞，都令人心驰神往、遐想翩翩。

昆仑山对现实世界的贡献同样令人瞩目。在塔里木盆地南缘、昆仑

冰山之父——慕士塔格峰

昆仑山脉公格尔九别峰

塔克拉玛干沙漠

塔克拉玛干沙漠的红柳

山北麓、和田地区的冲积平原上，分布着星星点点的绿洲。这要归功于昆仑山的冰川融雪，是它慷慨赠予了宝贵的生命之源。然而，地处和田东部的民丰县却未能得到昆仑山融雪的眷顾与庇护。塔克拉玛干大沙漠以其不可一世的姿态，无情地吞噬着周遭的一切，驱赶生命，掩埋文明，即使这些文明也曾在艰难的自然环境中闪耀过光辉。在新疆的和田地区，昆仑山与沙海对峙千年，一边是希望，一边是渺茫。就在这悬殊命运里，塔里木盆地南缘的古国书写着各自的前尘往事……

塔克拉玛干沙漠

塔克拉玛干沙漠位于新疆塔里木盆地中心，东西长约 1000 公里，南北宽约 400 公里，面积达 33 万平方公里，是我国最大的沙漠。

塔克拉玛干沙漠年平均降水量不超过 100 毫米，最少的时候甚至只有 4—5 毫米；而年平均蒸发量则高达 2500—3400 毫米。酷暑期，这里最高温度可达 67.2℃，昼夜温差近 40℃。尽管有天山与昆仑山这两大自然水源，遗憾的是，除了和田河能在炎炎夏日中坚韧不拔地穿越塔克拉玛干沙漠之外，克里雅河、尼雅河、安迪尔河——这些曾经滋养了古代文明的河流，均在沙漠腹地黯然断流。不过，它们在地表深处依然存留的宝贵水分，始终滋养着胡杨、红柳、沙棘等"沙漠英雄"，赋予了它们坚强的生命活力。

塔克拉玛干沙漠，也是世界第二大流动沙漠，这里有 80% 以上的流动沙丘，全年有三分之一的风沙日。唐代玄奘法师对此亦有敏锐的观察，称它为"大流沙"："从此东行，入大流沙。沙则流漫，聚散随风，人行无迹，遂多迷路。四远茫茫，莫知所指，是以往来者聚遗骸以记之。乏水草，多热风。风起则人畜昏迷，因以成病。时闻歌啸，或闻号哭，视听之间，恍然不知所至，由此屡有丧亡，盖鬼魅之所致也。"（《大

塔克拉玛干沙漠的枯胡杨

唐西域记》）

　　受塔里木盆地内西北风和东北风交替作用的影响，近千年间，塔克拉玛干沙漠的整体面积持续向南侵袭了将近100公里，这导致丝绸之路南道的一些古代文明遗址被流沙所湮没。20世纪初，塔克拉玛干一度成为西方探险家的乐园。从塔克拉玛干沙漠和塔里木盆地其他区域挖掘出的宝物，至少收藏在全球十几个国家的博物馆里。斯坦因在1901年到1931年间，曾四次到塔克拉玛干进行地理考察和考古探险活动，在这个过程中发现了尼雅和安迪尔这两处古遗址。

沙漠深处有人家——达里雅布依

　　在斯坦因之前，瑞典人斯文·赫定在1896年就发现了"死亡之海"里一个生机尚存的"原始部落"——达里雅布依。这个名字翻译成汉语，就是"大河沿"。达里雅布依深藏于塔克拉玛干大沙漠心腹，距离沙漠边缘超过200公里，是克里雅河尾闾上的一小片珍贵绿洲。一支少数族裔"克里雅人"生活在这里。克里雅人说他们在这里"安营扎寨"已经四百多年，但外界无人知晓。直到斯文·赫定的到来，才发现这与世隔绝的存在。当时斯文·赫定以为自己一定是遇到了"野人"。他在其第一部考察新疆的著作《穿越亚洲》中，首次向世人揭开了这个叫作"通古斯巴孜特"的部落的面纱，并且称其所在地为"塔克拉玛干的肚脐"。

　　克里雅河，又名于阗河，唐代名"媲摩川"。它全长530公里，发源于昆仑山主峰的乌斯腾格山北坡，滋润于田县绿洲后蜿蜒向北，深入塔克拉玛干沙漠，最后消失在达里雅布依附近。

　　1989年，新疆维吾尔自治区政府在此设"达里雅布依乡"，隶属和田地区于田县。该乡辖区面积近万平方公里，而户籍人口仅一千多。2004年1月28日的清晨我在达里雅布依乡乡长的带领下从于田县城出发，开启了达里雅布依之旅。路程其实不算远，但是沙包起伏，路途艰难。一路上只能尽量依循着克里雅河那因河水浸润而相对结实的河床行进。200多公里的路，竟然开了12小时，入夜才终于抵达乡里。在乡长的盛情邀请下，我们借宿在了老乡长的家里。这已是最高规格的待遇。

　　这里的辽阔与贫瘠，远非"地广人稀"一词所能涵盖。纵然自然生存条件极端苛刻，与外界又近乎隔绝，克里雅人仍然在此坚守栖息。塔克拉玛干的砂砾，成为他们所步履的"土地"，只有胡杨与红柳装点出家园的些许生机。天空如背景画布，随着风沙的起落而瞬息万变。这里常常飞沙万里，但只需有片刻的宁静、有一缕阳光的穿透抵达，达里雅布依便会被魔法点亮，瞬间闪耀生辉。

胡杨木、红柳枝、芦苇、羊粪与克里雅河淤泥是这里的天然建筑材料。人们用这些来搭建"笆子房"。房子里以沙漠为地毯，仅在某个角落垒起略高于地面的土沙台，划分出起居的空间。火塘也是就着沙地往下掏挖出来，但即便是简陋如斯、土得不能再土的天然沙灶，烧烫了，照样能烤出全疆最美味的馕饼——库麦琪。

这里的人们对于克里雅河季节性的泛滥始终心怀敬畏，从而形成了代代相传的习俗：将屋舍盖在耸起的土丘之上，以此来抵御洪水的侵袭。然而在洪水泛滥的季节，流到这里的河水已然成了咸水，无法直接饮用。于是家家户户都在门口挖淡水井，依赖珍贵的地下水资源维系生命，维持畜牧，使部落得以繁衍持续。这里除了稀疏分布的村落居民，最多的是山羊的身影。山羊爱吃胡杨树叶，放牧时，克里雅人会折下大树的枝条来喂食它们，但不会去折尚且细小的树枝。当地流传着这样的古老谚语："伤害幼苗的手，终将自食其果。"这是他们对自然法则的深刻认识，也是他们与自然之间不可动摇的默契和约定。

乡里的居户分散，村与村之间动辄相距几十公里。乡政府旁有小卖部，进的货物大多靠驼队运送，骆驼成了名副其实的"沙漠之舟"。那一日清晨，老乡长家的驼队正整装待发要进县城。200多公里的沙漠路，队伍必须在外露营，干粮和铺盖必不可少。我跟随在他们身后。牵驼人拼尽全力拉动领头的骆驼走过结冰的湖面，驼铃声声中，这些行走的"沙漠之舟"开启了跨越瀚海的航程。天气阴沉，沙色与天色相接，我在新奇中体会着达里雅布依平凡如常的一天……

2019年，我在媒体上看到了这样一则报道：新疆维吾尔自治区和田地区于田县达里雅布依乡的363户村民已整体搬迁至政府于2016年建设的易地扶贫安置点。"新达里雅布依"距于田县城91公里，有柏

沙漠深处有人家

克里雅河

笆子房居所

屋舍与水井

牵骆驼的人

沙漠之舟

老乡长的家人

达里雅布依的早晨

穿梭于胡杨林的羊群

油马路、崭新的砖房、卫生的水、稳定的电，更有美丽的学校和功能完备的卫生院。

安迪尔遗址

安迪尔遗址半隐于新疆维吾尔自治区和田地区民丰县安迪尔牧场东南约 27 公里的塔克拉玛干沙漠中。1901 年，斯坦因在首次中亚探险的路途中涉足于此，揭开了安迪尔尘封千年的面纱。该遗址群主要由廷姆故城、道孜勒克故城、阿其克考其克热克故城共同组成。

据考古部门推测，除阿其克考其克热克故城被确认为伊斯兰时期的一个聚居遗址外，另两处故城遗迹均不晚于唐代。在廷姆故城和道孜勒克故城遗址的佛塔、寺院等建筑遗迹中，考古人员采集到了汉代五铢钱、精美陶器、金属制品及玻璃片等珍贵文物。值得注意的是，地表散落的遗物分布范围远远超出了目前所界定的遗址面积。这暗示着两座故城昔

廷姆故城遗址

廷姆佛塔

日可能拥有更为宏大的规模与更为繁荣的景象。

安迪尔廷姆故城又称夏央塔克故城，它是汉至初唐时期的遗迹。今天处于安迪尔牧场塔库木村东南约20公里的沙漠中，在安迪尔河的东岸。

廷姆故城由主城及耳城两部分组成，主城面积8000平方米，城墙由碎石与河泥垛筑，最高达6米、厚约8米。耳城紧邻主城的南墙，面积约1134平方米，城墙以土坯砌筑，厚度约为3.5米，高度基本与主城相同。城内的建筑大多被风蚀沙侵，近乎夷平，仅余半埋于沙丘的残墙供人辨识。

廷姆故城东边500米处有一座土坯砌筑的三级覆钵式佛塔，它就是廷姆佛塔。今塔高11米，顶径5米，地径10米。以这样残存的身姿，它成为和田地区现存最高的古佛塔，斯坦因称它为"安迪尔废址的显著地标"。

廷姆佛塔再往东约1.5公里处，为安迪尔道孜勒克故城。故城面积7452平方米，城墙以土坯建筑，同样毁损严重。

斯坦因初次发掘此地时，曾在东部一个小的寺院遗址内发现了婆罗谜文和藏文的写卷，还有标着"开元"年代的重要汉文题记。1906年，他由于意外获得青年农民从安迪尔捡拾到的书写着佉卢文的木板而再度进入塔克拉玛干流沙深处的安迪尔遗址。这一次，他的雇佣工在道孜勒克故城南围墙的大门西边约30米处发现了佉卢文皮文书，充分的证据让他推翻了之前对于安迪尔两座故城的年代认定，把它们的历史向前推到了汉唐。

道孜勒克故城西北角有一处规模较大、木柱诸多的厅屋，面积约169平方米。在该遗址内采集的文物有西亚输入的玻璃珠、1—4世纪古罗马帝国产的带花玻璃片、和田马钱及一些毛、丝织品和陶片等。这反映了丝绸之路南道附近、塔里木盆地各城邦之间的商业来往，西域与中原、西亚乃至欧洲之间的文化交流，有着很高的研究价值。玄奘法师在公元645年经过安迪尔故城，留下了简短的文字记录："至睹货逻故国。国久空旷，城皆荒芜。"（《大唐西域记》）

道孜勒克故城南墙

道孜勒克故城遗址－古堡内部

道孜勒克故城厅屋遗址

昔日精绝在尼雅

　　尼雅遗址坐落在昆仑山脉腹地的民丰县，东界与巴音郭楞蒙古自治州且末县相邻，西陲与于田县接壤。尼雅河在这里顺着自然地势向塔克拉玛干沙漠深处流淌。这条河曾经是汉代精绝国的水源，却在时光流转、自然变迁中，缓缓卸下了滋养大地的神圣使命，在沙漠边缘止步，仅留下一片片干涸的河床，半隐半现在沙涛起伏间。与之一同消退的，还有身处沙漠深处的精绝古国——今天已化名为尼雅遗址的汉代丝路重镇。古国的残破身影尘封在沙海里，任凭风沙消磨，而历史曾经给予它的光彩终究难以掩盖，吸引着后人的惊奇目光。

　　1901年1月，斯坦因从一名驼夫的手上获得了一块木牍，他从中辨识出了早已消失于历史的古代文字——佉卢文。10天后，斯坦因进入尼雅，揭开了尼雅故城"世纪考古"的序幕。他在《斯坦因西域考古记》中写道："书讯、账簿、草稿、杂记一类的佉卢文木牍，差不多在每一所屋中都有所发现。此外还有足以表现日常生活以及流行工业的刻花的建筑木材和家具……"在他面前的尼雅和安迪尔一样，都属于尚未"开发"的考古处女地。

　　此后，凡踏入新疆，他总是不遗余力地寻求再次进入尼雅的机会。后来的丰厚收获，证明了他的直觉确实敏锐。前后三次的尼雅考察探险

今日尼雅河

中，他发掘到了佉卢文文书、汉代五铢钱、漆器、铜镜、织物、木雕佛像等珍贵文物。这些丰硕的成果成就了斯坦因一生的学术研究，极大地提升了他在国际学术界的地位。

19世纪末以来，在塔里木盆地丝路南道的和田、鄯善等地区屡屡发现佉卢文木牍，总数超过1000件，其中仅尼雅遗址就占据800件之多。"1991年，新疆文物考古研究所在尼雅遗址，又发现佉卢文文书23件。据林梅村研究，在巴楚县托库孜萨来古城发现的佉卢文文书，与已见于和田、尼雅、楼兰及库车的佉卢文文书比较，具有不同特点，所以他认为喀什地区是又一个曾经流行佉卢文的地区。"（王炳华，《寻找消失在沙漠深处的文明：楼兰、鄯善考古研究》，广西师范大学出版社，第325—326页）

佉卢文的背景与流传轨迹充满了神秘色彩。它起源于古代犍陀罗，是公元前3世纪印度孔雀王朝阿育王时期的文字，后流行于中亚广大地区。尤其在公元1世纪至2世纪时，它一度被作为贵霜王朝的官方文字之一。然而，随着公元3世纪后婆罗谜文字的兴起，佉卢文被逐渐替代，最终伴随着贵霜王国的瓦解而销声匿迹。

令人惊奇的是，这种在发源地已舍弃不用的文字，竟在公元3到5世纪流行于塔里木盆地的部分区域。这些在精绝、楼兰等古国遗址上发现的佉卢文木牍，由胡杨等木材制成。古人先在矩形底板上书写文字，再将面板覆盖合拢。接着以麻绳穿过上下板的对开孔，束紧，反复绕扎。再用火漆或黏土封印，完成最后一道工序。一番匠心巧思，保护了文书的完整和机密。这种取材及工艺不仅利用了塔里木盆地的自然资源，更在无意间使文书得以留存千年。而千年后它们的再现，为我们了解这一历史区间段的西域社会提供了珍贵的文字资料，也使我们破译丝绸之路东西方交流的密码成为可能。

在1995年10月，尼雅遗址又发现一件新的瑰宝，那就是"五星出

162

东方利中国"锦护臂。它由中日尼雅遗址学术考察队在故城 M8 号贵族合葬墓中发现，绑缚于男性墓主人的右手前臂，近旁有弓矢等随葬品。这件年代约为东汉至魏晋时期的彩色织锦护臂吻合了《史记·天官书》中记载的："五星分天之中，积于东方，中国利"的祥瑞预言。其中，"中国"指当时黄河流域的中原地区，而五星连珠的天象则寓意国运隆昌、征伐天佑。

护臂的伸展长度为 67 厘米，宽 3.4 厘米。幅面中祥云缭绕、瑞兽齐结。学术界推论，此墓主人极有可能是年轻的末代精绝王及王妃。而此汉锦，则可能来自中原的封赏，用以支持、强化其政权地位。如此，这块锦护臂不仅是我国古代天文占星学的呈现，更是中原王朝对西域属国进行政治笼络和军事支持的实证。而这种政治从属关系，无疑推进了不同地域之间的文化交流。

如今，这件国宝正静静地躺在博物馆展厅的中心位置，成了人们了解精绝古国和汉代丝绸之路历史的重要窗口。精绝古国，这个曾经消失在沙漠深处的文明，也通过一件件"时空信使"般的珍贵文物，重新焕发出了它久违的光芒。

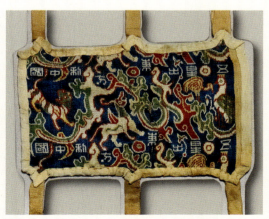

"五星出东方利中国"锦护臂　锦护臂（局部）
（新疆维吾尔自治区博物馆藏）

尼雅遗址

沿着古老的尼雅河河道，尼雅遗址呈带状自南向北延伸，跨度长达30公里，东西最宽处亦有7公里之广。在这片近200平方公里的地域上，佛塔、民居、寺院、畜舍、灌渠、蓄水池以及墓地等各类历史遗迹错落有致，共同诉说着往昔的辉煌。其房屋建筑、雕花式样，兼有犍陀罗风及汉风。遗址出土了大量佉卢文简牍、文书及精美的锦、绢、绮、丝织品及铜镜等日常生活器物，种种艺术元素透露着来自中原、中亚、西亚乃至欧洲的文化气息。

◎佛塔

佛塔是坐落在遗址中部的标志性建筑，也是整个尼雅遗址中最高的建筑物。塔身残高7米多。下部为三层方形塔基，上部为圆钵形塔顶，使用了土坯及混合了韧草纤维的黏土。佛塔后面有高达十多米的三座巨型红柳沙包。在它们之下，很可能埋葬着当年尼雅佛寺的遗迹。

尼雅佛塔

◎ N3 遗址

斯坦因在 1901 年发现尼雅故城后，按考古挖掘的先后顺序，将散布的遗址以字母 N 起头编号。

距离佛塔最近的 N3 遗址是一处居宅。它是斯坦因在 1901 年 1 月第一次赴尼雅考古

N3 住宅遗址

时重点发掘的一座巨宅，面积约 2300 平方米，位于佛塔以南 3.2 公里处。遗址内出土过具有犍陀罗艺术图案的木雕椅和几何形图案的彩色毛织物。

尼雅的建筑，不禁令我联想到达里雅布依式的"笆子房"，两者如出一辙。胡杨木柱为"骨"，红柳芦苇为"肤"。精绝人的生存条件显然受到大自然的限制，但他们竭尽所能，创造生活的艺术，追求着美好的精神世界。

◎ N7、N8 遗址

N7、N8 是两处居址遗迹。据文物局考察资料，N7 总面积 500 平方米，共有房址 6 间。N8 总面积 300 平方米，可辨认的房址有 10 间。

N8 遗址房梁犹存，榫卯相契，被流沙托起在天空下，如展翅鸿鸟。N7 遗址上，一扇胡杨木板拼接的木门半埋于沙中，周围是一根又一根直立的胡杨木残柱，部分柱体上还留有矩形的镂空榫眼。这些建筑工艺遗痕，让人啧啧称叹。

N7 遗址残存的木门

尼雅 N8 遗址

N8 遗址的房屋梁架

◎河床与古桥

在尼雅遗址的南部，尼雅河古河道裸露于眼前。河床内沉积着淤泥，风蚀台地层层叠叠、沟壑纵横。东岸上的三根加工过的木材横跨河道，辅以立柱，共同构成了尼雅古桥遗址的质朴面貌。

我曾两次走访尼雅遗址。第一次 2005 年 2 月 5 日进、7 日出，沙尘天气。第二次 2006 年 10 月 16 日进、18 日出，天气晴到多云。第一次对遗址的拍摄尚处懵懂，有沙海猎奇的意味；第二次则带着探索古文明遗迹的渴望。

和田好友为我们找来了沙漠车，并在民丰县文管所的批准下，指派了几位维吾尔族老乡为我们引路，其中两位老乡正是故城的看护人，他们每月都骑骆驼进故城巡视好几次。而为了"候足"清晨的光线，我们决定夜赴尼雅，在沙漠中过夜。

现在回想那夜路途的尴尬与狼狈，我仍然再三感叹，自责我们大大

尼雅古河桥

低估了夜行沙漠难辨方向的困难。就连熟门熟路的向导都不得不几次三番下车打着手电、找寻他上一次去巡视故城时留下的骆驼蹄印。也记不清有多少次了，庞大的车身随着七八米高的大沙包被高高举起又重重抛下，令五脏六腑如翻江倒海。号称"沙漠钢铁侠"的沙漠车，轮胎的气放了又充、充了又放，与沙丘作着殊死抵抗……历尽艰辛，我们在5个多小时之后终于抵达尼雅。

　　我很庆幸文物部门已经在佛塔附近搭建了简易房。这样一来，在沙

拍摄结束后与陪同人员合影

在简易房里装胶片

历经千年沧桑的荒漠胡杨

漠中，我存放器材及安装胶片都更方便了。维族老乡领着我们用捡拾的红柳粗枝烤羊肉吃。

进入尼雅之前，我参考了有关尼雅的考古资料，并将其中一些比较适合拍摄和有特别意义的遗迹记录下来。深夜，穹顶之上繁星苍茫。落脚在佛塔附近后，我和向导商量起拍摄这几个地点的可行性方案。最终，在遗址平面图上圈定了所需拍摄的几个对象。尼雅有编号的遗址现有两百多处，我是名副其实的"瀚海劫尘"了。

第二次探访尼雅，两天两夜，时间仓促，在我心底留下了遗憾和怀念。在涉足过的西域大地，尼雅是令我感悟最深的文化遗址之一。它在沙涛中浮沉的身影，仿佛在讲述一个丝路古邦生死兴亡的故事。历尽千年沧桑，又遭遇国外探险家的掠夺式发掘，它才成了国家级文物保护单位。

古代于阗

于阗，这个在汉代名震一时的国度，唐代也称"瞿萨旦那"。这里自古以来便是经济富绰、商贾云集的沃土，它不仅见证了玉石之路的源起，也担负了丝绸之路南道重镇的角色。在《汉书·西域传》中，有它的相关记载："于阗国，王治西城，去长安九千六百七十里，户三千三百，口万九千三百，胜兵二千四百人。……南与婼羌接，北与姑墨接。于阗之西，水皆西流，注西海；其东，水东流，注盐泽，河原出焉。多玉石。西通皮山三百八十里。"随着公元前 60 年西域都护府的成立，于阗与塔里木盆地周边的其他西域国家被一同纳入了汉朝的宏大版图。西汉落下帷幕后，丝绸之路的交通一度断绝，南道诸国旋即陷入了政变与战乱。于阗国异军突起，不但稳定了内部局势，更不断地扩张疆域。到公元 4 世纪时，精绝、戎卢、渠勒、皮山、扜弥先后归于其麾下。彼时于阗国的势力范围，几乎囊括了今天新疆维吾尔自治区和田地区的全域。

《隋书·西域传》有言："（于阗）土多麻、麦、粟、稻、五果，多园林，山多美玉。"在塔里木盆地这片土地上，于阗国凭借绿洲丰富的水利资源和温和宜人的气候，使农业、畜牧业及手工业蓬勃发展。而真正促进于阗国经济繁荣并享誉四海的，是它得天独厚拥有的名贵珍宝——和田玉。大约6000年前，一条"玉石之路"悄然兴起，这条商路比丝绸之路还要早3000年之久。它的主要用途，就是把于阗出产的珍贵玉石输送至世界各地。它不仅为于阗带来了经济与文化的双重效益，更为西域南道，乃至整个丝绸之路南道的开辟提供了蓝本。

　　于阗国的强盛，除了资源丰富的自然优势，还有政治合理的人为因素。于阗国的历代统治者大都尊崇中原王朝的社会制度与文化理念。这不仅体现在与中原王朝的频繁交际、友好往来，更在于对其先进制度、先进文化的参照学习、积极吸收。他们不但引入中原的农耕技术、纺织技巧以发展手工业经济，更依照中原王朝的制度架构，设置了一系列与之一致的官名官职以健全行政、完善治理。同时，他们还将货币的计量单位改置为中原的"铢"，使汉朝货币在于阗境内也可以自由支付，进一步促进了经济交流。在官方语言上，于阗统治者们更是兼容并蓄，佉卢文、汉文、婆罗谜文等多种文字被采纳和使用。一系列开放包容的举措，为于阗成为丝路南道最大的经济体和文化中心奠定了基础。

　　东汉时期，当中原王朝重新聚焦于西域，于阗国以其关键的地缘优势和富强的国力，成了中央恢复其西域统治的重要基地之一。班超几度率领于阗、疏勒的部队与汉军并肩作战，收回了西域失地，重启丝绸之路，开创了东汉盛世。这一时期，许多中原移民前往于阗绿洲经营生意、扎根定居。后世，人们自史书中看到了这样的记载："自高昌以西，诸国人多深目高鼻，唯此一国（于阗），貌不甚胡，颇类华夏。"（《魏书·西域传》）

　　公元7世纪中叶，于阗国协助唐王朝击溃西突厥势力，一统西域。

其后又作为安西四镇之一，承担着防范吐蕃从青藏高原入侵塔里木盆地的艰巨任务。这一时期的于阗，与唐王朝之间互相信任、深度合作，几代国王皆被赐为"李"姓，后即自命李氏宗亲。于是，在五代时期的敦煌石窟壁画中，出现了身着中原帝王服饰的于阗国王"李圣天"（尉迟婆跋）的供养像。

玄奘法师曾途经于阗，彼时则称"瞿萨旦那"。玄奘详细讲述了这一国名的由来：古代于阗有一位老国王因无子嗣，前往毗沙门天神庙求子。传说这一神庙有七层木楼，天神居于顶楼。老国王祈祷后，甚为灵验，于神像额顶剖出一名男婴，于是抱回宫廷抚养，举国欢庆。怎知此婴儿拒食人乳，老国王只得再度去神庙祈请。话音未落，神像前大地隆起，状如乳房，从中有乳汁分泌，小王子得到喂养，长大成人。这则传奇故事中的"地乳"，梵文即谓"瞿萨旦那"。

昔日于阗位置在今天的和田地区。该地区下辖1个县级市、7个县，分别是和田市、和田县、墨玉县、皮山县、洛浦县、策勒县、于田县、民丰县，由西向东，几乎成"一"字形展开。在这个地区，绿洲仅占3.7%，并且被沙漠和戈壁切割成大小不等的三百多块。苍茫大地上星星点点的文明，在浩瀚的沙漠与戈壁之中顽强地闪耀，照亮了古丝绸之路的南道，成为人类文明史上不朽的丰碑。

◎约特干遗址

有关于阗国的王都，《汉书》说"西城"，《新唐书》说"王居西山城"，两者都没有更进一步的明确指示。近代，斯坦因、伯希和、冯承钧等考古学家经勘探后都认为，位于今天和田市西边10公里处的巴格其镇艾拉曼村内的约特干遗址，很可能是汉唐于阗国的都城所在。

2008年1月下旬，我随"和田考察队"来到了约特干遗址。遗址

约特干遗址旁边的河渠

已被农田和树林所覆盖，看不出丝毫城池遗迹。据说，这里出土的文物都掩埋在距地表 5 米以下、厚达 3 米左右的文化层内。西方多支考古队伍曾在此获得出土文物若干，数量最多的是陶器。此外值得一提的是斯文·赫定发掘出的基督教金币、十字架和一块金牌。以上可作为于阗国东西方文化交流的佐证。多年后，文物已被搜淘干净。而我们到达的当日，因为积雪，连那条淘取文物的河渠竟也难以辨认了……

◎桑株岩画

桑株岩画，是和田最古老的文化遗迹之一，一般认为是原始氏族时期的遗留，也有一说是青铜时代的遗留。它位于和田地区皮山县固玛镇桑株乡乌尔其村的一块岩石上，南距和田市区约 180 公里。

岩画朝向西面，总长 2.3 米，高 1 米。画面系利用硬物在岩石上敲击勒刻而成，呈现的是狩猎场面。其中有各类人像：托举五星者、弯弓射箭者、骑马而行者。也有兽像，多为头上有双角的动物，类似北山羊或黄羊。人像中最大的，高达 27 厘米，宽 20 厘米；动物大都高 20 厘米，宽 23 厘米。画面左上方还有类似文字的符号。桑株岩画生动展现了秦汉以前和田地区原住民的牧猎活动，他们多居于山中水草丰茂的河谷地带和平原河滨之类的近水之地，与岩画所在地环境相吻合。

桑株岩画

◎阿克色皮力故城

　　这座故城的历史从汉代至宋代，它的名称源自维吾尔语"白色的城墙"。该故城遗址坐落于和田地区洛浦县杭桂乡兰干艾日克村西北的沙漠地带，其位置在县城以南偏东方向大约16公里处。早在1901年4月7日，探险家斯坦因便对阿克色皮力故城进行了考察，测量出其直径约为305米，推断其原貌应为一圆形城池。时至今日，故城仅余北面的一段弧形城墙，城墙残长90米，残高4米，墙体厚度在1.2至2米之间不等。城墙两端筑有马面，以增强防御能力；在墙基上方约1.2至1.5米处，则横列着一排箭孔，以备战时之需。

　　故城城墙四周散布着陶片、冶炼废渣、五铢钱、唐钱、北宋钱币及黑汗王朝的钱币，还有契丹文的铜印、各类青瓷，以及具有浓郁地方特色和民族风格的陶器、陶塑等生活用具和装饰物品。1929年，黄文弼教授赴新疆考察时，曾到达此地。他发现了1枚于阗马钱。这是及至目前，我国仅有的一枚。他还根据出土的文物判断阿克色皮力故城曾是于

阿克色皮力故城遗址

北墙遗存

阗国属下的一个重要城池，甚至可能是其都城所在。

◎麻扎塔格戍堡

麻扎塔格山，从塔克拉玛干大沙漠西部逶迤而出，至和田河畔戛然而止。因其山体突兀，而两侧基岩红白分明，人称"红白山"。古代的和田河沿岸，紧密地连接着于阗、姑墨与龟兹这三个国家，形成了丝绸之路上一条至关重要的支线。红白山地势险要，是可以控引这条线路的战略咽喉，是历来的必争之地。

麻扎塔格山东段，下邻和田河西岸的地方，至今矗立着一座雄伟古堡。它是"麻扎塔格戍堡"，也称"神山堡"或"红白山戍堡"。

这座戍堡，是汉唐古人精心部署的一座防御亭障。公元8世纪末，于阗被吐蕃占领时期，红白山所在地域曾作为吐蕃军队的驻扎点。斯坦因曾在此戍堡遗址内发掘出吐蕃文的简牍及其他珍贵遗物，证实了这一

红白山

远眺麻扎塔格戍堡

戍堡及烽燧

戍堡西侧墙体

自戍堡远眺喀拉喀什河

段历史。

今天，戍堡遗址总面积大约 1600 平方米，其墙垣与建筑皆采用棕红色砂岩石板与土坯，通过错缝平砌的精湛技艺构筑而成。堡垣结构复杂，由主墙、垛墙和外垣三重防御体系组成。主墙以土坯为基，部分墙垣中还巧妙地融入了粗壮的胡杨树杆、红柳枝、芦苇及蒲草编织的草绳，增强了墙体的稳固性，体现了古人的智慧与创造力。而距戍堡西侧约 60 米处，一座巍峨的烽燧傲然挺立，于风雪中追溯往昔的硝烟。

◎热瓦克佛寺

于阗是我国最早接纳佛教的地区之一。根据藏文本的《于阗国授记》，佛教信仰的种子早在西汉昭帝时期已经悄然根植于这片土地，时间上要早于龟兹。魏晋南北朝时期，于阗佛教发展达到前所未有的高峰，它成了国教，并将影响力渗透至社会的每一个角落。这里寺院林立，僧侣众多。其景象可见于《魏书·西域传》："（于阗）俗重佛法，寺塔僧尼

沙漠深处的热瓦克佛寺

甚众，王尤信尚，每设斋日，必亲自洒扫馈食焉。"于阗，吸引着无数中原僧人前来巡礼求法，一度享有"小西天"的美誉。

此时的于阗，不仅以佛教信仰的圣地著称，更在佛教经典的承传中扮演了举足轻重的角色。《放光般若经》《光赞经》《华严经》《涅槃经》等多部珍贵的大乘佛典，以及《贤愚经》等小乘佛典经由历代信徒、僧侣之手，跨越千山万水传至中原，为中华佛教文化的丰富与发展注入了资源与活力。

唐朝早期，于阗的佛教文化依然璀璨如昨。玄奘法师抵达瞿萨旦那，即受到国王的盛情欢迎，并被邀请去都城讲学传经，逗留了七八个月之久。然而晚唐时期，于阗佛教已显露出衰颓的迹象。到公元 10 世纪下半叶至 11 世纪初，来自中亚的伊斯兰势力逐渐崛起，喀喇汗国的伊斯兰化进程最终将昔日的佛国圣地化为一片废墟。

热瓦克佛寺始建于魏晋南北朝时期，是和田地区保存相对完好且风格唯一的寺院遗址。遗址位于今天和田地区洛浦县吉亚乡西北 70 公里

佛塔南面

处的沙漠中，面积约 2240 平方米。它的名字"热瓦克"在维吾尔语中的意思是"楼阁"，这应与建筑原本的形制有着密切关联，考古研究证实的确如此。热瓦克佛寺，是以一座印度风格"窣堵波"（佛塔）为核心的佛教建筑群。佛塔居于中心，四面围墙，墙体上装饰着成排的佛、菩萨彩绘塑像。院落内原有的庙宇建筑构造现已无存。

佛塔坐北朝南，与院墙均为土坯砌筑。平面呈十字形，台阶向四个方向延伸铺展。塔基残高 5.4 米，基座正中为三级覆钵式塔身，残高 8 米，顶部直径 9.6 米。院墙东西长 49 米，南北长 49.4 米，残高约 3 米。南墙中部开有院门。

热瓦克佛寺的建筑布局与法显在其《佛国记》中描绘的于阗国的王新寺不谋而合。王新寺中，最为瞩目的是一座高达二十五丈的佛塔，塔身精雕细琢，镶嵌着金银与各色宝石，展现着无与伦比的奢华与精湛。

1901 年 4 月，斯坦因来到了热瓦克，除了测绘遗址图，他还带领当地民工在沙漠中淘挖，发现了令他大为震惊的满墙泥塑雕像。它们原

佛塔北面

178

为彩塑，色彩却已经脱落殆尽，其中最高的塑像高达 2.5 米以上。仅院内东南墙和西南墙挖出的雕塑就有 91 尊，这些佛像具有明显的犍陀罗流派的艺术风格。

塑像原来由木支架作为依托，而久经风沙后这些支架都已腐败，幸亏塑像因有底部沙土支撑而没有倒塌。斯坦因为了拍摄这 91 尊无法搬走的佛像的照片，下令大肆刨挖塑像。他们在 8 天的"考察"过程中对热瓦克佛寺遗存的文物造成了不可估量的破坏。临行时，斯坦因还带走了一些小型塑像和大型塑像的头部并将剩余塑像掩埋。在《沙埋和田废墟记》中，他写道："这是一个令人伤感的任务，让我联想到真正的葬礼，真不忍心看着把已经挖出来的塑像，再一个一个重新掩埋回若干世纪以来掩蔽它们的沙土中去。"

1906 年 9 月，斯坦因再次踌躇满志地来到热瓦克，发现泥塑多被本地寻宝者破坏。遗憾之余，他又挖掘带走了不少文物。1928 年，德国人椿克尔来此大肆挖掘，获取文物 6 箱，虽一度被和田当局扣留，但后来文物仍被携往国外，今收藏于德国不来梅市。1942 年，洛浦县相关机构对热瓦克佛寺遗址的北侧区域进行了考古发掘，这一行动带来了重大发现：出土了装饰华丽的涂金塑像 3 尊，以及 20 尊保存完整的泥塑佛像。此外，还一并发掘出了五铢钱、泥猴、破碎的钱币、各类珠子和檀香木制品等。当时，省府组成古物保管委员会，在和田举办了历史文物展览，展示了这些历经岁月洗礼的宝贵遗产。然而，令人遗憾的是，自那次展览之后，这批珍贵的文物便如石沉大海，其具体去向至今仍是一个未解之谜。2001 年 6 月 25 日，热瓦克佛寺遗址被我国列入第五批全国重点文物保护单位。

佛头像（新疆维吾尔自治区博物馆藏）

◎买力克阿瓦提故城

买力克阿瓦提故城，一座深藏着汉唐时期辉煌记忆的遗址，静静地坐落在距离和田市西南大约 25 公里、玉龙喀什河下游的一片肥沃台地上。过去，它曾以"库玛提"之名流传于世，而在一些文献记载中，它又被尊称为"瞿摩帝"。法显曾落脚于此伽蓝。《法显传》有言："僧伽蓝名瞿摩帝，是大乘寺，三千僧共犍椎食……瞿摩帝僧是大乘学，王所敬重，最先行像。"在这里，法显通过参加当地行象节，而瞿摩帝寺位列行象队伍之首这一细节，将该寺的国中地位展露无遗。据推测，买力克阿瓦提故城很可能就是瞿摩帝佛寺的所在。

今故城遗址的范围相当广阔，整体呈方形布局，南北长达 3 公里，东西宽约 1 公里。城分内外两重，历经风雨侵蚀，城墙已不复完好，仅可见零星残垣立于遗址西部及河岸边。

遗址内现清晰可辨的有古墓葬、陶窑等建筑群，西侧沙山背后有佛教洞窟遗迹三个。出土文物有铜佛像、玉器、泥塑佛像残件、回纹图案装饰、壁画残片、陶器、古钱币、饰珠、磨盘、炼渣等。在区域的地面上分布有许多高低大小不等的土墩，土墩剖面可见夯土层次，周围有许多沙质圆形石础，应为建筑痕迹。遗址中央还有南北向排列的四座陶窑废址。1977 年，在故城出土了窖藏的陶缸，内有约 45 公斤黏结成块的汉代"五铢钱""货泉钱"，与故城悠久的年代一致，也确凿证实了于阗与汉朝货币相通的历史事实。

◎牛角山

新疆和田市西南约 23 公里处的库玛尔山，处在喀拉喀什河西岸。此处山体为砂砾岩结构，陡崖奇绝，山势嶙峋。古时因此山有两角突起，状如牛头上的双角，故又称牛角山、牛头山。

玄奘法师说崖谷之间有一座伽蓝，相传如来曾经来到这里为天人们

买力克阿瓦提故城

佛寺塔基遗址

佛寺遗址

说法，预言未来此地将会有人建立国家，崇敬佛陀遗法，遵循修习大乘法教。还提及岩间有大石室，有阿罗汉入定，静待弥勒佛出世，几百年时间过去了，人们竞相供养，无有中断。而后山崖崩塌，堵塞了门径。国王派士兵移除巨石之际，有黑色群蜂袭击众人，于是石门至今不开。

而更早的东晋，中原名僧法显于隆安五年（公元 401 年）到达于阗，就在牛角山地域的瞿摩帝居住过。牛角山寺和瞿摩帝寺都是古代于阗名寺。《于阗教法史》记载，于阗有灵异的寺庙总共有 333 座。而据考证，今库玛尔山上喀拉喀什河岸旁的悬崖峭壁上，尚残留若干窟龛遗迹，原有石阶可拾级上下，因河水冲刷崖底，山阶不见，窟龛仅剩后壁，像亦无存。这很可能就是牛角山寺的遗迹。牛角山在中原佛教徒的心中占有着崇高的地位，其名字与形象在敦煌的文书和壁画中屡屡出现。与牛角山有关的瑞像，也大多绘在壁画中心位置。

牛角山遗址

阔库玛日木石室遗址

在牛角山遗址俯瞰喀拉喀什河河谷

玄奘所说的"大石室"，就是今天库玛尔山顶上的阔库玛日木石窟遗址。该石室处在几乎垂直的山崖上。

石室分两层，下面一层长度6—7米。它从入口处开始微微向上倾斜，里面还套着类似壁龛的一个洞，空间比较窄小。石室顶部上方有一个洞，借助一架简易的梯子可以到达上层的一间屋舍，面积仅2—3平方米，高度只有1.5米。上下层之间靠四个直径不到一米的小洞相连。

◎托普鲁克墩佛教建筑遗址

晋代法显在《佛国记》中亲身经历的奇景于千年以后的2000年3月，在和田地区策勒县达玛沟乡南部托普鲁克墩的一个偶然瞬间得到了印证。当地一位牧羊人在挖掘红柳根柴时，不经意间触碰到了尘埋于此的一座古代佛寺。这座佛寺占地面积仅3.74平方米，微小如斯，堪称袖珍，在中国佛教历史上罕见。

在策勒和于田两县以达玛沟为核心的区域，是塔克拉玛干沙漠南部

托普鲁克墩佛教建筑遗址

佛教文化遗迹最为丰富且保存状态较好的地区。其中以托普鲁克墩佛教遗址最为引人瞩目，被国家文物局列为"2002年中国重要考古发现"之一。它由1号、2号、3号三处遗址构成。其中1号遗址为那座小巧精致的佛寺；2号为一密教佛殿；3号遗址是供僧人起居、学习、论经的辅助性建筑。

托普鲁克墩小佛寺（1号佛寺），据推测建于公元6至7世纪。佛寺坐北朝南，门开于南墙正中。整体平面呈长方形布局，南北纵深2米，

1号佛寺遗址全景

残损泥塑佛头

第三章　踏过城头更向西

　　巍巍两山天际交，踏过城头更向西。进入新疆维吾尔自治区西南隅的"喀什地区"，也就来到了古代的疏勒绿洲与莎车绿洲。在这里，塔克拉玛干沙漠默然隐退，让位于郁郁葱葱的草场。天山和昆仑山，这两条西域大地的挺拔脊梁在此相拥。而另一边，喀喇昆仑山则横亘在南，犹如一道天然屏障，守护着这片广袤的冲积平原。喀什地区，周边高峰屹立，中腹河流如织，不仅土地肥沃，孕育了多种动物、植物，生命形态丰富，而且自然景观姿态万方，几乎囊括了除浩瀚海洋之外的所有类型。

一、疏勒绿洲与莎车绿洲

历史上，喀什地区曾是疏勒、蒲犁、莎车、伊耐、子合、西夜等国的所在。早先莎车国为区域霸主。疏勒则国力不济，先后附庸莎车及于阗。东汉永平十六年（公元73年），龟兹攻灭疏勒，杀疏勒王，任命龟兹人兜题为新王。公元74年，班超收复伊吾、蒲类之后，率军前往疏勒。他施计劫持、招降了兜题，还政于疏勒人，并以仁德之师的威望，就地镇守在盘橐城，一面警惕着北边匈奴的虎视眈眈，一面提防着西域诸国的蠢蠢欲动。

然而，东汉朝廷对管控西域仍感悲观无望，于是诏令班超撤军回归。此举令疏勒举国惊怖，人心惶惶，百姓自发涌上街头，跪地挽留班超，哭声不绝。更有甚者，疏勒都尉黎弇竟以自刎殉国明志。疏勒的民心民意，震撼了班超，触动他作出了一个大胆的决定——违抗旨意，继续镇守疏勒。随后，班超攻破了姑墨、莎车、龟兹乃至葱岭以西的大月氏等国，使汉廷国威远播。而疏勒也在班超的监护下奠定了其西域强国的地位，成为丝绸之路上的通衢大邑。

喀什市班超纪念馆

公元91年，班超就任西域都护，迁居至龟兹它乾城，继续攻取焉耆、危须、尉犁等地，西域诸国尽归东汉。丝绸之路不复阻滞，顺时应势，蓬勃发展。公元97年，班超派遣部将甘英出使大秦（罗马帝国的东部），尽管最终因种种阻碍未能抵达目的地，但这次出访却是继张骞之后，中原王朝在官方层面促进东西方交流的又一次重要尝试。

公元95年，朝廷鉴于班超的卓越贡献，封赐其为"定远侯"，以表彰他稳定边疆、远播国威的不朽功勋。班超经略西域三十年，几乎将自己的一生全部奉献给了这片山川大地，与疏勒关系尤为深切。他不仅以军事实力巩固了汉朝对这一区域的控制，还通过与当地权要联姻强化彼此间的利害与共——他娶了疏勒公主，之后有了儿子班勇。班勇日后也子承父业，成长为一代功将名臣。

今天的喀什地区以喀什市为首府，下辖疏附县、疏勒县、泽普县、莎车县、巴楚县、叶城县、英吉沙县、塔什库尔干塔吉克自治县等11个县。该地区是我国面向中南亚的名副其实的门户。

汉代丝绸之路的南北两道从西出敦煌、分道扬镳后，在疏勒和莎车彼此靠近，并最终在葱岭会合。对各色商旅来说，要翻越帕米尔高原，山高路远，必须在物质上、体力上作好充分准备。所以，在启程之前，急需一个场所充足体力、备足粮草、整顿物资行李。于是，疏勒与莎车的地域位置优势凸显，成为当然之选。尤其是疏勒，虽在魏晋风云激荡中几经浮沉，却依然于唐贞观年间成为安西都护府下的重镇。

叶尔羌河

　　叶尔羌河是南疆的生命线，古代叫作"徙多河"。它发源于喀喇昆仑山北坡，自南向北穿过今喀什地区。全长约 1200 公里，流域面积超 10 万平方公里。先后经过叶城县、泽普县、莎车县、麦盖提县，在巴楚县附近与源自昆仑山的喀尔喀什河一起注入塔里木河。塔里木河受到接济支援后，肩负重大使命，继续向东奔腾，为塔里木盆地送去生命的源泉。

　　叶尔羌，这个名词在维吾尔语里的意思是"土地宽广的地方"。它满含着爱恋，描绘了河流下游的无垠沃土。这里的地面平展如画，饶有生机。然而溯流而上，在绵延 500 多公里的上游河段却山势陡峭、河谷狭窄，暗藏着未知的凶险。每年夏季，随着高山冰雪的快速消融，河水暴涨，在此流段内集聚成狂野山洪倾泻而下，威胁着中下游两岸居民的生存。好在每次洪水过后，会在土地上留下丰富的矿物质和有机物，为

莎车县境内的叶尔羌河

叶尔羌河流经泽普县金胡杨国家森林公园

新的生命提供养分。自古以来，叶尔羌河沿岸的人民正是在这样的自然环境中抵御风险、利用资源，与此山川长年共处，展现出了坚韧的生命力。

现今毗邻叶尔羌河的叶城、泽普、莎车三县，大致对应于汉代西夜国、子合国及莎车国的疆域。其中的莎车，唐代也作"乌铩国"，它曾出现在玄奘法师的《大唐西域记》中："乌铩国，周千余里，国大都城周十余里，南临徙多河。地土沃壤，稼穑殷盛，林树郁茂，花果俱繁……自数百年王族绝嗣，无别君长，役属朅盘陀国。"可见，玄奘西行经过莎车时，这个国家早已衰落。不久后，它成为疏勒都督府治下的朱俱波州。

叶尔羌河流域也是孕育新疆古老的民族艺术"十二木卡姆"的摇篮。公元 16 世纪时，莎车是叶尔羌汗国的首都。该国的第二代君主为拉失德汗。这位开明君主有位王妃，叫阿曼尼莎汗。她才华出众，不但是一位女诗人，还擅长音乐和舞蹈。阿曼尼莎汗王后在国王的支持下，与宫廷音乐大师玉素甫·卡迪尔汗一起广泛召集民间的木卡姆艺人，梳理与

莎车县木卡姆文化艺术中心

莎车街头活力绽放

在艺术中心表演的木卡姆舞蹈

加工成一套"木卡姆套曲"。这些公元4世纪已在塔里木盆地流传的"大曲"，终于有了标准范式。"木卡姆套曲"是长篇巨制，它原先被分为16部，后来则慢慢演变成了人们常说的"十二木卡姆"。十二木卡姆，集维吾尔族文学、舞蹈、说唱、戏剧于一体。作为民族艺术，它凝结着维吾尔族先贤的哲学智慧，谱写着维吾尔人民的生活故事和对美好的向往。今天，在阿曼尼莎汗王后的家乡，叶尔羌河及塔里木河两岸的地方，生活着一支自称"刀郎人"的维吾尔族群。他们避居荒野，以自由不羁的音调吟唱着震撼云霄的歌曲，这是木卡姆中的活化石——《刀郎木卡姆》。

艾斯克萨故城

艾斯克萨故城在喀什市东南郊外，吐曼河西岸一片黄土高地上。"艾斯克萨"意为废城。恰如其名，故城今天只剩下几节残墙作为历史的见

艾斯克萨故城遗址残墙

屹立于喀什市班超纪念馆的班超雕像

证。关于此城的历史归属，至今仍无确切定论。有学者认为，此城即为东汉时期疏勒国的乌即城；也有学者主张，它应是唐代疏勒镇的所在；另有学者指出，此城年代更晚，大概形成于公元9至10世纪。

居于喀什现代化的城市中，这里的人们仍然深情缅怀、由衷敬仰贡献杰出的历史英雄。喀什人民怀着对班超的崇敬，在故城东北部精心打造了一座纪念园。园中央，一尊雄伟的班超雕像巍然矗立，其左右两侧，并列着36尊勇士雕像，仿佛再现了那段峥嵘岁月中的英勇与辉煌。

汗诺依故城

汗诺依故城遗址静卧于喀什市伯什克然木乡罕乌依村东侧偏北约3.5公里处的广袤戈壁上。其时代跨度较长，涵盖了公元前5世纪至公元13世纪的丰富遗存。在维吾尔语中，"汗诺依"寓意皇宫，这个名字或许是在暗示它昔日的显耀。据推测，这座故城大约是在公元14世纪随着恰克玛克河的枯竭而最终遭到废弃。

遗址东西长约6—8公里，南北宽约4公里，北距莫尔佛寺遗址约3公里，整体规模不小于25平方公里，是喀什绿洲首次通过考古发掘的大型聚落遗址。现存东城墙、北城墙和西城墙的部分城墙遗址。其中，东城墙的北段留有马面，西部土台应是房屋遗迹。在这里曾出土过陶片、

汗诺依故城遗址

东城墙马面遗址

昔日汗诺依故城

铁器、金币、面粉、箭头等遗物。考古学家黄文弼教授认为汗诺依故城或与唐代"伽师城"有关。

莫尔佛寺遗址

莫尔佛寺遗址位于喀什市东北30多公里，古玛塔格山南麓的洪积台地上。因为曾被当地人当作一处古代烽燧而得名"莫尔"。这个词在维吾尔语里的意思是"烟囱"。引起这种误解的，正是位于佛寺中心的大佛塔——莫尔佛塔。事实上，它和热瓦克佛寺一样，是一座经典的印度及中亚覆钵样式佛塔。佛塔基座呈三阶递进式。塔身残高为约10.8米，分上下两级。下部是圆形的塔身座，周长24米，高1.5米；上部是呈卵圆柱状的覆钵式，高约5米。

在距离该佛塔约60米处，另有一个残留的方形塔台。中央民族大学肖小勇教授在《佛教考古在新疆：莫尔寺考古的发现与意义》一文中写道："（莫尔佛塔）由三层逐渐缩小的方形塔基、塔基上的圆盘、圆

莫尔佛寺遗址

盘上的圆柱形塔身和最上部的覆钵形塔顶构成，难以确定覆钵的顶部原来是否还有宝匣、相轮等设施，但覆钵顶部正中有一个较小的方形轴孔直通到塔基处。据斯坦因百年前的观察，塔的表面原来涂有白石灰面，现已痕迹全无。……方形塔是一座四方形多层实心土坯塔。塔顶和四壁表面已全部毁坏，原来的形状和性质难以确定。斯坦因判断东南面可辨出有3层，经实地观察应有4层。经在塔底部西北、东北和东南三面发掘，又在坍塌堆积之下新清理出一层，确定是一层塔基，因此该塔至少是一座五层塔。……圆形佛塔（莫尔佛塔）这种形制，2—3世纪出现在今乌兹别克斯坦铁尔梅孜附近的喀拉特佩第2号窟墙上的涂鸦画中，表明莫尔佛塔的蓝本很可能来源于大夏的北部地区即阿姆河流域一带。"（《中华民族共同体研究》2022年第4期）

在两座佛塔之间，还有一大型建筑的遗迹，内有45个居室和形制结构较清晰的14处院落基址。其中有山门大道、佛殿、僧房、禅室、讲经堂、厨房、储藏室等。在一个回字形的佛殿中，出土了较多的壁画和塑像残片。从佛祖等人物石膏头像可辨识出明显的犍陀罗艺术风格元素。另外，散布在这将近2万平方米土地上的，还有土陶、铜、石、木、钱币等遗物，总数多达3万余件。

方形塔与圆顶佛塔遗址

经过碳十四的测定，佛寺年代主要集中在公元3世纪后半期，至9世纪末10世纪初废弃，并且曾经历过三个时期的修造和改建。晚期的大佛殿很可能就是武则天在疏勒镇修建的"大云寺"。

寺院房屋与佛塔遗址

三仙洞石窟

　　三仙洞（脱库孜吾吉拉千佛洞）石窟地处喀什市北郊、距离市区约20公里的恰克马克河河岸峭壁上。这是我国目前已知的位置最西的佛教石窟遗址。石窟仅由三个距离地面高度约40米、东西向排列的洞窟组成。它们窟口向南，窟下山壁上有栈道的痕迹。每一个洞窟都有前、后相连的两个窟室。现今发现的残留壁画，以东窟前室券顶为主，内容应是大乘佛教的"十方诸佛"。其绘制年代应在唐代安西四镇时期。中窟后室有坐佛石胎，高约2米。以石为材质的佛像在整个西域石窟内十分罕见，仅在库木吐喇五连洞有相同发现，这使人联想到相距不远的中亚犍陀罗艺术。1906年6月，斯坦因在考察玄奘越葱岭回还至喀什喀尔的路线时，曾绕道寻访这处叫作"玉其买尔万"（意即"三扇窗"）的遗址。他提到在此之前，德国的格伦威德尔和勒柯克已经到过此地。当时因为缺少攀崖的工具，斯坦因用望远镜略作审视后便离开了。

　　佛教传入疏勒的时间不会晚于龟兹。然而早期疏勒的佛教流传信息文献匮乏，幸亏玄奘法师在《大唐西域记》里提供了一些可以参考的相关资料。在提到中亚迦毕试国的时候，他讲了这样一件事情："闻之耆旧曰：昔犍陀罗迦腻色迦王威被邻国，化洽远方，治兵广地，至葱岭东，河西蕃维畏威送质，迦腻色迦王既得质子，殊加礼命。寒暑改馆，冬居

三仙洞石窟

河岸崖壁上的千佛洞

上的集散中心，曾经在西域佛教的传播与发展中扮演了不可或缺的角色。近年来，该地文保部门、考古与史学家们倾力搜集证据与线索，投入新一轮的研究，他们正在逐步拼凑出疏勒佛教流传的完整画卷。

奴如孜敦遗址

奴如孜墩遗址

　　奴如孜敦遗址位于莎车县城的东部。这是一个南北宽20米，东西长15米，高约10米的土墩。在土墩内的底部发掘过百余枚宋朝前期的钱币和纪念币。据考古推测，这应是一个佛塔遗址，其年代为可追溯至唐宋，并在1460年前后经历过重建。

　　相传玄奘法师东归时途经莎车，曾在此停留讲经，所以它今天也被冠以"玄奘讲经台"的称号。

拉革勒墩烽燧遗址

　　这是一处历史悠久的汉代烽燧遗址，今呈现为一座土墩。它位于距离叶尔羌河800米的北岸台地上，西北延伸至苏马塔格山脚下。烽燧的所在地隶属于莎车县喀群乡尤库日恰木萨勒村。遗址以土坯筑成，面积约50平方米，底部周长约25米，高约1.5米。不难看出，汉代为巩固西域边防和保障丝路畅通而建立的烽燧体系贯通整个塔里木盆地。

拉革勒墩烽燧遗址

印度诸国，夏还迦毕试国、春秋止犍陀罗国。故质子三时住处，各建伽蓝……其后得还本国，心存故居，虽阻山川，不替供养。"行文提到的质子，名叫臣盘。他是疏勒国王安国的亲舅舅。在安国死后，臣盘借助迦腻色迦王的力量回到疏勒，继位为王。在印度、迦毕试、犍陀罗这些佛教国家的旅居生活，使得佛教信仰深植在这位国王的内心。所以在那一时期（公元2世纪初），疏勒或许已经在国家层面大力兴教，实施包括起塔造殿、供养僧团等累积功德之事。

龟兹高僧鸠摩罗什从罽宾回国后不久，曾到疏勒追随佛陀耶舍习学佛法。他在当地还遇到了来自莎车的大乘名僧，莎车王子须利耶跋摩和须利耶苏摩兄弟两人。鸠摩罗什在疏勒学习了一年方才离开，可见疏勒佛教在西域是具有很高地位的。

《法显传》记载："（疏勒）国中有佛唾壶，以石作之。色似佛钵。又有一佛齿，其国中人为佛齿起塔。有千余僧，尽小乘学。"到玄奘抵达时，疏勒已是"淳信佛法，勤营福利。伽蓝数百所，僧徒万余人，习学小乘教说一切有部。不究其理，多讽其文。故诵通三藏及毗婆沙者多矣"（《大唐西域记》）。可以看出，晋唐年间，疏勒佛教一直在崇信小乘的基础上持续发展与扩大。笃信大乘佛教的玄奘法师显然认为疏勒的僧侣对于教义普遍欠缺了解，不过对他们的虔诚与勤奋，他还是留下了深刻的印象。

疏勒的佛教遗存明显要少于龟兹、于阗、高昌。究其原因，这可能与其地理位置有关。疏勒是西域西部最毗近中亚的绿洲国家。作为多种文明交叉的"十字路口"，在唐朝平定高昌入主西域之前，疏勒曾依附于西突厥，信仰一度呈现出以祆教为主的态势——"疏勒……突厥以女妻之，胜兵二千人，俗祠祆神。"（《新唐书》卷二二一）公元11世纪，喀喇汗王朝入主疏勒，进行了彻底的宗教颠覆，使原有的佛教建筑与文物遭到巨大的破坏。即便如此，我们今天仍然确信，疏勒作为丝绸之路

它们是"以烽戍边"方略的实物见证，而古老的叶尔羌河流域，也由此而被纳入汉唐王朝经略西域的网络之中。

托库孜萨来故城

巴楚县东北48公里处的喀什噶尔河河畔有一座汉唐至宋代的大型遗址。清代《新疆图志·建置志》里这样写道："今城（巴楚）东北一百五十里，图木舒克九台北山有废城，樵者于土中掘得开元钱，因呼为唐王城。"唐王城，这一响亮的名字在民间至今还时常使用，而文物考古部门则依其地方所在，称其"托库孜萨来故城"。

故城坐落在托库孜萨来塔格山的东南端，西面临崖。凭借这一天然地形优势，城西部没有建造城墙，而是以一座烽火台防御守望。故城的东、北、南三面城墙部分在山坡上，随着山势呈现西高东低的起伏。城墙有三重，在发现之初尚能完整显示出城池的长方形制。今天则城墙残损，仅存有北部第二、第三重及东部第一重城墙的一段，遗址因此呈现半圆形。墙体有明显的分层夯筑与土块垒筑两种工艺，可能是二次加工修补所致。城东部有很厚的文化层，其中的灰土、红烧土及陶片比比皆是。还曾出土公元6—11世纪的汉文、佉卢文、回鹘文、龟兹文和阿拉伯文纸质文书及汉唐钱币。

1928年，黄文弼教授在此考察，他认为该城是旧时龟兹国西境的

托库孜萨来故城

北部城墙残垣

据史德城，即唐代尉头州的所在。而今在北京大学林梅村教授的考证下，托库孜萨来故城的历史被进一步向前推至汉代。林梅村教授认为此城很可能就是汉魏时代的盘橐城——班超在疏勒据守了17年的重镇所在。

◎**托库孜萨来佛寺**

1906年，法国汉学家保罗·伯希和途经托库孜萨来故城遗址。在西南侧山脚下，不经意间用马鞭抽动废墟泥土，竟戏剧性地发现一尊具有犍陀罗艺术风格的佛教塑像。这一发现确认了这个地方为早期的一处重要佛寺，命名为"托库孜萨来佛寺"。

接着，伯希和迅速组织起一支团队，在其后三个多月里对遗址展开了大规模挖掘。在这次收获丰硕的考古行动中，他获取了大量的珍贵文物，包含泥塑佛像、壁画残片、古代文书及各式陶器等。

托库孜萨来佛寺西北距托库孜萨来故城约500米，由塔院、僧房构成。塔院建于较高地势之处，而僧房位置则较低，这种布局反映了犍陀罗地区寺院的设计特点。大佛塔（仅存塔基）后方有一个正方形佛殿，

托库孜萨来佛寺南部佛殿遗址

其南面设有入口，这是佛寺现存的标志性建筑之一。考古推测，塔院始建于公元3—4世纪，其他建筑则可能建成于公元5—6世纪。

值得一提的是在东北佛殿中发现的"须阇提太子"本生故事浮雕，这是疏勒地区极为重要的佛教艺术作品。该浮雕体现了犍陀罗艺术对当地的影响，是丝绸之路意义的延伸。今天它与其他被海外探险队发掘的疏勒珍宝一起，成了法国吉美博物馆的重要藏品。

◎托库孜萨来摩崖石刻

在故城与佛寺遗址之间的托库孜萨来塔格山崖立壁上，高约25米的地方，刻有一组佛龛内坐佛。可以模糊地看到坐佛手持禅定印结跏趺坐于莲花台上，其面部、服饰特征几已漫漶。由于塔里木盆地周缘缺乏优质石材，且风蚀、盐碱环境不利于石雕保存，使得该地区的佛教艺术创作广泛依赖泥塑与壁画，而石雕屈指可数，托库孜萨来摩崖石刻的发现充实了西域佛教艺术的研究实物链。

摩崖石刻佛像

托库孜萨来摩崖石刻遗址

图木舒克佛寺遗址

图木舒克（旧称"图木休克"）佛寺遗址位于托库孜萨来佛寺遗址南约 3 公里处，其西南约 7 公里处为图木舒克乡，主要包含图木舒克塔格等寺院群。

1906 年 8 月，伯希和在两次发掘托库孜萨来佛寺的同时发掘出了这个佛寺，获得的泥塑塑像、壁画、文书、陶器等文物，今藏于巴黎吉美博物馆。7 年后，德国人勒柯克带领的皇家吐鲁番探险队在此重点发掘了东、西两处寺院遗址，发现了笈多体的梵文写本、反映小乘说一切有部思想的泥塑，以及与吐鲁番回鹘时期风格相似的壁画。尤其是在西寺，发掘出土了大量精美的木雕。它们清晰再现了中亚文明与西域文明交互碰撞的艺术成就。这些瑰宝现收藏于德国柏林亚洲艺术博物馆。1928 年，我国学者黄文弼来此考察时，发掘了僧人墓和彩绘舍利盒。近年来，这里还陆续出土了一些龟兹文木简。

从图木舒克佛寺出土的壁画残片来看，当地主要使用红色和土黄色

图木舒克塔格寺遗址

的暖色调。这一点与龟兹石窟绘画惯于使用蓝绿冷色调的风格尤其不同。人物躯体外形主要通过线条勾勒，填充以色彩，基本不表现光影立体的变化。大致推断，图木舒克佛寺的始建年代不会早于公元5世纪。其东部山头寺的建造年代则更晚，应为公元7—8世纪。

图木舒克佛寺遗址

图木舒克塔格东山头"台座寺"的说法图（德国柏林亚洲艺术博物馆藏）

泥塑菩萨像（德国柏林亚洲艺术博物馆藏）

二、葱岭和波谜罗川

整装齐备，再度启程，而前方的路途正缓缓深入一片神秘的无人带。天山、昆仑山、喀喇昆仑山、兴都库什山，以及喜马拉雅山，五大山脉在此巍峨耸峙，共同构成亚洲大陆的巨型"山结"。这里正是"葱岭"，丝绸之路最大的地理屏障。

"葱岭"一名的出处，我们可以在《大唐西域记》里找到端倪："崖岭数百重，幽谷险峻，恒积冰雪，寒风劲烈。多出葱，故谓葱岭，又以山崖葱翠，遂以名焉。"试想，当旅人在万仞冰川下踽踽而行、粮食告罄之际，山间恰有一抹翠绿不期而至，是野葱，这渺小的植物，此时是救赎一般的存在。因而"葱"这一字眼，镌刻在他们记忆深处。它不仅是食物，更是希望与坚持的化身。"葱岭"其名，得以口耳相传，历久弥新。

葱岭的心脏地带，是帕米尔高原。"帕米尔"是波斯语，蕴含着高原之巅、河谷之地的含义。而另一方面，在《新唐书》中"帕米尔"则被称为"播蜜川"，寓意"藏着如蜜般的甘甜与希望"。玄奘法师独树

一帜，他依梵文音译，定其名"波谜罗川"。作为一个亲历者，他两度经此而穿越葱岭，并在《大唐西域记》这样写道："波谜罗川，东西千余里，南北百余里，狭隘之处不逾十里。据两雪山之间，故寒风凄劲，春夏飞雪，昼夜飘风。地咸卤，多砾石。播植不滋，草木稀少。遂至空荒，绝无人止。"

玄奘法师着意地理与气候特征的描写，字里行间流露出对自然的敬畏。现在，我们对帕米尔高原的了解远远超越了前人，知道在它高不可攀的"庄严法相"和寒可毙命的"强大法力"之外，还是一个生机勃勃的生态园。这里生物种类繁多，植被茂盛，森林与原野交错，杜鹃花与针叶松竞秀，雪豹、雪鸡、旱獭、盘羊、岩羊、北山羊等珍稀野生动物优哉游哉，逍遥自在。更为重要也更富意义的是，帕米尔高原孕育了西域叶尔羌河、中亚阿姆河与南亚印度河三大水系，使它荣获了"万水之源""亚洲水塔"的美誉。这些河流，都发源于帕米尔的高山雪峰，朝着不同的方向曲折奔流，浩荡千里，滋润着各自流经的土地，一路灌溉庄稼、哺育生命。同时，这些河流，又是欧亚大陆流动的人文血脉，向着同一个目标执着前行，一路播撒希望、促进文明交流。

丝绸之路从帕米尔高原的山隙伸展而出，向中亚发散。"通过瓦罕走廊，经萨朗山口翻越兴都库什山，可抵达贝格拉姆、喀布尔，进入阿富汗的心脏地带。……由此东南向，翻开伯尔山口，可进入巴基斯坦、印度；……由此西走，经巴米扬、赫拉特，即可进入伊朗。《汉书》称丝路南道逾葱岭后，可入大月氏、安息的文字记录，至此，可得具体的印证。"（王炳华，《新疆访古散记》，中华书局，2007年9月）

白沙山和白沙湖

白沙山，仿佛是山在风亿万年的研磨之下，于人间投落的绝美瓷片。

帕米尔高原牧场

慕士塔格冰川

白沙山和白沙湖

它的石英砂山体来自帕米尔高原的古生代岩石层迁移。而白沙湖，是慕士塔格万年前崩塌的冰川消融而成的堰塞湖。它们相依相伴，完美诠释了圣洁与纯净。

　　白沙山与白沙湖景区，静谧地坐落于 G314 国道通往中巴边境红其拉甫口岸的咽喉要道，自古以来便是丝绸之路上商旅们不可或缺的水源补给站。这里世代栖息着柯尔克孜族游牧民。现如今，古老的土地焕发出新的活力，成了备受瞩目的打卡景区。牧民们紧跟时代的步伐，纷纷开设了特色民宿，售卖着当地的美食，或者在湖畔，邀请远道而来的宾客体验骑牦牛的别样乐趣。于是，游客与牧民的欢声笑语在山与湖之间荡漾，平添了几分烟火气。

柯尔克孜牧民为游客拍照留影

塔什库尔干河东岸的吉日尕勒遗址

吉日尕勒遗址

吉日尕勒遗址位于塔什库尔干塔吉克自治县，塔什库尔干乡托格伦夏村东南，塔什库尔干河东岸的断崖台地上。这里现在是一片面积二三百亩的草场。1983年，考古工作者在该台地的原生堆积层中发现了3处上下相距50厘米的人工烧火堆遗迹、打制石器若干和零星动物的肢骨碎片。这处遗址的年代在旧石器时代晚期，距今至少有10000年。另外值得一提的是，在这个遗址内还有一处汉唐古驿站——雅尔特拱拜孜古驿站。

雅尔特拱拜孜古驿站依水而筑，东侧500米处是吉日尕勒山，它以一座醒目的小土屋为主体。土屋门朝东开，形制独特。锥形屋顶、方形屋基，内部空间不足20平方米。周边还有居址遗迹和石围，曾发现许多夹砂陶片和石棺墓葬。从石头城出发至此约40公里，骑马约莫一日

古驿站遗址

的路程。在这座小小驿站的周围，有雪山充当幕布，流水为其伴唱，牛羊悠闲踱步，一派田园风光。对于那些长途跋涉、身心疲惫的旅人而言，这里无疑是一个温馨怡人的避风港湾，为他们提供了一处得以休闲与放松的世外桃源。

塔什库尔干石头城

塔什库尔干塔吉克自治县在帕米尔高原东麓，隶属于新疆维吾尔自治区喀什地区。这里平均海拔 4000 米以上，总面积 2.5 万平方公里。对内毗邻叶城县、莎车县，以及克孜勒苏柯尔克孜州；向外与巴基斯坦、阿富汗、塔吉克斯坦接壤。追溯至汉代，它是蒲犁国的所在地。步入魏晋后，这里又叫作朅盘陀或渴盘陀。《大唐西域记》里这样形容它："国大都城基大石岭，背徙多河……山岭连属，川原隘狭……原隰丘墟，城

镜中石头城

邑空旷。"（文中的徙多河应指叶尔羌河或其支流）

　　公元8世纪初，竭盘陀与吐蕃串通一气，威胁唐王朝的边境安全。开元年间，唐朝廷果断出击，一举攻下竭盘陀，设王城为"葱岭首捉"，作为安西都护府的军事驻地之一。《新唐书·西域传》曾记述其事："自疏勒西南入剑末谷、青山岭、青岭、不忍岭，六百里至葱岭守捉，故竭盘陀国……距瓜州四千五百里，直朱俱波西，南距悬度山，北抵疏勒、西护密、西北判汗国也。治葱岭中，都城负徙多河。胜兵千人。其王本疏勒人，世相承为之。西南即头痛山也。葱岭俗号极嶷山，环其国。人劲悍，貌、言如于阗……贞观九年，遣使者来朝。开元中破平其国，置葱岭守捉，安西极边戍也。"

　　依据《新唐书》的明确指向，竭盘陀故国的都城被定位在今天塔什库尔干县县城北郊，一座遍布碎石的城堡里，这便是闻名遐迩的石头城。它傲然屹立在雪山之肩，占据塔什库尔干河谷的一座高耸岗峦，四周被

西墙与北部房屋遗址

北部马面遗址

塔什库尔干河西岸的石头城遗址

郁郁葱葱的草甸环抱。这里河水潺潺，悠然汇聚于城下，清澈地映照出故城的倒影……

石头城遗址，占地约为 1 万平方米，海拔高度约 3112 米。遗址内兼有汉唐城和清代城，具有多个时期的叠压文化层。清朝在这里设置的蒲犁分防厅坐落在城址东部，其城墙挺立、结构分明，是遗址区域内最为醒目的留存。因而，人们容易误将蒲犁厅城等同于昔日揭盘陀城的真容全貌。事实是，揭盘陀城的规模远超蒲犁厅城，只可惜它如今的建筑遗存只剩核心区的基址轮廓了。

漫步于石头城遗址那蜿蜒曲折的碎石小径之间，我们试图在脑海中复原揭盘陀故城的昔日辉煌与葱岭古道首站的雄姿，却遗憾地发现，岁月的风霜已悄然抹去了太多痕迹。唯有转身面向城外，极目远眺，那片历经沧桑却始终如一的河谷，仿佛成了连接古今的唯一纽带。波谜罗川，这一独特而优越的咽喉要塞，自古以来便是丝绸之路上的商旅们的必经之地，它见证了无数驼铃声声中的繁华与寂静，那些千古传颂的传奇主人公，诸如张骞、法显、玄奘、慧超，以及意大利人马可·波罗都曾来过这里。公元 747 年，唐朝安西副都护高仙芝为打击吐蕃势力，发起了一场冰川奇袭的大军远征。这场远征始于疏勒，途经葱岭守捉，穿越播蜜川，最终进入特勒满洲（今瓦罕走廊东段）。所有这些宝贵的历史记忆，都伴随着石头城，深深镌刻在这片土地上。

塔什库尔干县城宗教建筑遗址

这个宗教遗址坐落在塔什库尔干乡栏杆村的一处公共墓地里。它是一座用土坯建成的穹顶建筑，面积约 200 平方米。东部有院墙，但东墙倒塌严重，残高仅剩 1 米，连带坍塌的还有东部穹隆顶。西残墙则最高，为 5.5 米。建筑内部多龛，有圆拱形龛和尖拱形龛两种。墙体上还有许

塔什库尔干县城宗教建筑遗址

多长约 0.5 米、高与深约 0.3 米的小坑洞，内有婴幼儿残骸。尽管学术界对该遗址有"祆教寺院"的判断，但仍无法排除其他可能性。确切地说，它是竭盘陀国时期的一处宗教遗存，祆教或者佛教皆有可能。

吉尔赞喀勒黑白石条古墓群

　　吉尔赞喀勒黑白石条古墓群位于塔什库尔干县提孜那甫乡曲什曼村，距县城 10 公里的山前台地上。遗址保护范围约为 5 平方公里，核心区约为 2 平方公里，年代距今约 2500 年。古墓群大面积铺设在墓葬东侧，错落有致的黑白石条为地表显著特征。石条由拳头大小的石块组成，条幅宽在 80—100 厘米，黑色条带与白色条带相间排列。而在台地的西端，分布着数十处石圈墓。墓室为竖穴，内有长方形石棺，少数墓葬保存有侧身屈肢的完整人骨，而人头骨和肢骨散乱摆放的情况较多，

黑白石条墓

可以判断有二次下葬的情况。值得一提的是，在这些墓葬里，出土了迄今为止我国最早的 7 颗天珠。另外还有 12 件木质火坛和 1 件陶制火坛，坛中均盛有卵石。这些迹象表明，墓葬很可能是一处古老的拜火教文化遗迹。

拜火教诞生于公元前 1000 年前后。因其创始人为琐罗亚斯德，所以也叫"琐罗亚斯德教"。在中国，拜火教因其神秘而独特的教义体系和祭祀传统而又被赋予"祆教""火祆教"之名。公元前 7—前 6 世纪，该教被波斯帝国阿契美尼德王朝奉为国教，这是它在整个亚欧大陆范围内影响最大的时期。拜火教信徒以火坛祈祷，将石头奉为天的第一神圣创造物，并崇尚"光明"与"黑暗"、"善"与"恶"的二元对立。这些都在墓群的天珠和火坛遗物，以及其鲜明排列的条纹石阵中有明确的体现。

近年来，学术界对吉尔赞喀勒黑白石条墓为拜火教文化遗存这一观点愈来愈确信。如此，则可能早在 2500 多年前，在东帕米尔高原的塔什库尔干地区，已有古代中亚信仰袄教的部落在此落脚，或该教的早期信仰已被当地先民所接受。

汉唐时，在丝绸之路上不断传播或强化这种信仰的主要是粟特商人。他们在塔里木盆地的聚居与商贸活动，使西域各地都留下了拜火教经久不灭的印记。

公主堡与"汉日天种"的传说

"今王淳质，敬重三宝，仪容闲雅，笃志好学。建国以来，多历年所，其自称云是至那提婆瞿呾罗。唐言汉日天种……"这段文字出自《大唐西域记》，是玄奘法师对揭盘陀国王的佳赞。他提到的"汉日天种"这个神话般的名字，关系着揭盘陀建国的古老传说：

古时候，一位波斯国王迎娶一位来自东方的美丽公主。送亲队伍在走到葱岭东麓一片荒凉川地的时候，得知前方战乱。于是他们安营扎寨，静候其变。然而，三个月过去了，公主竟然意外怀胎。此事令众人惊愕不已。侍从私下透露，每日正午，必有一位天神自太阳之中翩然降临山巅，与公主相会。

面对这突如其来的变故与无法完成的使命，使臣们心急如焚，苦思冥想保命之策，最终决定在山巅夯筑一座宫殿，并环绕其周构造城池，就地安家。不久后，公主诞下了俊美男婴，男婴被拥立为国王。这个高原上的新国家就是揭盘陀的前身蒲犁国。而"汉日天种"这个神圣名字，也成为国民引以为豪的身份象征和文化传承。

这座以"公主堡"为名的遗址在今天塔什库尔干塔吉克自治县以南约 70 公里的克孜库尔干山崖顶上，海拔约 4000 米，是中国最高的古城堡之一。城堡东西绵延长约 75 米，南北宽展约 150 米，面积逾 2000 平

公主堡遗址

瓦罕走廊河谷

方米。城墙依山势起伏，平面不规整。城堡之内，十余间房屋遗址隐约可见，石块垒筑的痕迹依稀可辨。考古学家王炳华教授在考察公主堡之后，认为它更可能是一个军事戍堡。他这样写道："控扼着华夏大地与印度、伊朗及中亚西部地区交通要道的'公主堡'，在相当长的历史时期中，会是控扼丝路交通的要隘。自汉迄唐，更晚至于清朝，塔什库尔干地区，也确曾在沟通中国与南亚、西亚的交通中发挥过重要作用。从这个角度看，'公主堡'不失为一座闪耀着历史光彩的'丝路'交通丰碑。"（王炳华，《新疆访古散记》，中华书局，2007 年 9 月）

登堡远眺，山崖下的红其拉甫河和喀拉其库尔河呈"Y"字形束成一条银带，那是塔什库尔干河将要奔流北上。在它们东侧有一条古道蜿蜒伸展，可以通往不远处的喷赤河谷。那正是瓦罕走廊的所在。

瓦罕走廊，是帕米尔高原南端的山间狭长地带。它全长约 400 公里，约有 100 公里在我国境内，宽 15 至 75 公里。这是我国现今与阿富汗唯一的陆路通道，也是当年丝绸之路的重要通道之一。对这条道路，《汉

瓦罕走廊通道

书·西域传》早有提及："南道西逾葱岭则出大月氏、安息……"这段记载印证了瓦罕走廊自汉代起就是中国通往中亚的咽喉要道。

我想象着，昔日商旅使节在走过这空旷的山谷、河畔时，一定曾经和高高在上的公主堡凝望对视，随着脚步的渐行渐远，他们与这片西域之地短暂告别，心中满载着对葱岭彼端未知的忐忑与憧憬，开启又一段新程。

红其拉甫口岸

帕米尔高原的雪峰亘古未变，而在塔什库尔干县西南，G314 国道蜿蜒的轨迹却将时光折叠成两重镜像。国道的末端是位于新疆喀什地区的红其拉甫口岸，它是中国与巴基斯坦唯一的陆路口岸，也是国家批准对外开放的一类口岸。这里海拔 4700 多米，环境严酷，风光旖旎，被誉为"世界最高国门"。

红其拉甫口岸

热情奔放的塔吉克舞蹈

莎车县的木卡姆舞蹈

金秋十月泽普金胡杨

　　遥想汉唐时期的喀什地区，商队在此整理行囊中的中原丝绸、于阗美玉与波斯银器，踏过帕米尔高原的险峻隘口。而塔吉克先民在高原寒风中点燃篝火，为西行的马队捧出温热的奶酒。这方被称为"葱岭"的极境，曾见证过多少文明碎片的碰撞与交融——粟特商人的算筹、吐蕃武士的弯刀、高仙芝麾下的勇猛之师，都在风雪的裹挟中沉淀为历史的琥珀。

作为一名文化工作者，我有幸多次参与文化润疆活动，也见证了这片土地上的点滴变化。教育资源的不断输入，让更多的孩子有了追逐梦想的机会；基础设施的日益完善，为经济的腾飞奠定了坚实的基础；医疗援助，更是为各族人民的健康保驾护航，让每一个生命都能绽放光彩。文化润疆活动如同一盏明灯，照亮了人们的心灵。

而今当我举起相机行走在喀什的街巷，古寺的雄伟与老城的烟火生机交相辉映。孩子们在现代化的校舍中吸收文化知识。木卡姆在气度不凡的木卡姆文化传承中心翩然唱响。各国游客与戍边战士并肩而立，数字时代的笑声消融了高原的寒风凛冽。每一个瞬间都诉说着新疆的美好，每一个画面都展示着新疆的魅力。

丝绸之路上最动人的故事，从来不是征服与攫取，而是像塔吉克民歌《雄鹰》所吟唱的那般——用鹰笛的空腔盛装不同文明的回响。丝绸之路，这条被"一带一路"传承延续的文明动脉，正在用开放的胸怀传输着比驼铃更悠长的音响。当红其拉甫的界碑映出帕米尔高原的星空，仿佛在告诉我们：丝绸之路从未消亡，它演变成人类命运共同体的桥梁，书写着新的篇章！

后 记

　　第一次踏上新疆土地时，未曾想到这方水土会成为我毕生追寻的光影史诗。此刻整理完最后一幅图注，我推开书房的窗，仿佛又望见了塔克拉玛干的流沙在暮色中泛起金箔般的光泽。那些曾在取景框里反复凝望的风景，早已成为嵌入我生命的年轮。

　　行走新疆二十二载，吸引我的从来不只是地理风景。尤其当冯其庸先生语重心长地叫我把西域"拍深、吃透"后，新疆就变成了我学习、探索的时空隧道。当我用镜头对准楼兰故城坍塌的木梁，风蚀的榫卯里流动出街巷的喧闹；当我在帕米尔高原捕捉石头城的晨昏，碎石阵中似乎还回荡着张骞马蹄的遗响。我曾用数十张大画幅胶片等待罗布泊雅丹投下与史书记载相似的日影；也曾在德国柏林亚洲艺术博物馆的地下室内辗转，只为记录流失海外的新疆壁画的残颜。

　　在这些凝固的时光切片里，最令我动容的莫过于"在场"的永恒悖论。站在玄奘笔下的热海（伊塞克湖）岸边，浪涛拍打的是与《大唐西域记》中别无二致的礁石；聚焦克孜尔石窟斑驳的供养人画像，龟兹乐舞的彩帛分明还在画中飘动。但按下快门的刹那，千年光阴却坍缩成胶片颗粒的排列组合。或许这正是影像的宿命：我们永远在记录消逝，却也因此让消逝得以永恒。

感激沙尘暴突袭的黄昏，迫使我在滞留时偶遇不同的风景；感激沙漠公路上的"龙门客栈"，使我能在温饱的状态下迎接塔克拉玛干深处的晨曦；感谢曾指点我的学者和老师们：冯其庸、饶宗颐、季羡林、王炳华、霍旭初、王邦维、李吟屏……他们博文通史，钻研古今，讲述着西域祖辈的记忆，并致力于将它们传播发扬。感谢新疆各地文博单位的领导、专家、看护者、守门人的支持和引领。他们前赴后继，虔敬地守护着这片土地上的每一处遗迹，并希冀着它们的未来；感谢新疆维吾尔自治区文物局对本书的学术支持，文中所涉考古数据及文物考据，均以《新疆维吾尔自治区第三次全国文物普查资料汇编》为重要参考；最后，感谢我的亲朋好友们，他们一直以来的支持和陪伴，让我在追寻西域文化的路上不感孤单。无论是在沙漠中跋涉，还是在书海中钻研，他们不遗余力地给予我鼓励和关心，使我在坚持梦想的道路上感到温暖，汲取力量。

谨以这些穿越风沙的影像，致敬所有用脚步丈量过这条道路的先贤——无论是持节的张骞，护法的玄奘、法显，还是某位因思念故乡而将中原柳枝插在西域的土卒。在现代公路于古驿道旁延伸、高铁驶过烽燧遗址的今天，这些照片或许能成为未来者回望历史时的导引，感叹这片土地上曾经奔流过的壮阔文明长河。光影，仅仅是历史的片刻投射，而本书若有些许可取之处，当归功于西域大地本身的馈赠，以及所有在这条文明通道上留下过足迹的生命。

在新疆维吾尔自治区成立七十周年之际，回望这片土地从丝路驼铃到高铁飞驰的沧桑巨变，不禁让人感慨它汇聚着天山南北各族儿女携手开垦绿洲、守护文明的智慧、勤奋、辛劳，积淀着生生不息的力量。致敬所有将青春与热血浇筑于这片热土的建设者和守望者，他们的愿景必将呈现在中国西北的辽阔苍穹之下。

山河不朽，古道常新。愿您翻阅这些文字和画面时，能听见丝绸之路的历史卷轴在风中展开的声响。

丁和

乙巳年初春记于上海